语言服务书系·辞书研究

《汉语大字典》释义论稿

朱城 著

暨南大学出版社
JINAN UNIVERSITY PRESS

中国·广州

图书在版编目（CIP）数据

《汉语大字典》释义论稿/ 朱城著 . —广州：暨南大学出版社，2015. 3
（语言服务书系 · 辞书研究）
ISBN 978 - 7 - 5668 - 1333 - 6

Ⅰ. ①汉…　Ⅱ. ①朱…　Ⅲ. ①汉语—字典—研究　Ⅳ. ①H163

中国版本图书馆 CIP 数据核字（2015）第 015834 号

……………………………………………………………………………………

《汉语大字典》释义论稿
著　　者：朱　城

出 版 人：徐义雄
策划编辑：杜小陆　刘　晶
责任编辑：王雅琪
责任校对：卢凯婷
地　　址：中国广州暨南大学
电　　话：总编室（8620）85221601
营销部（8620）85225284　85228291　85228292（邮购）
传　　真：（8620）85221583（办公室）　85223774（营销部）
邮　　编：510630
网　　址：http：//www. jnupress. com　http：//press. jnu. edu. cn
排　　版：广州良弓广告有限公司
印　　刷：佛山市浩文彩色印刷有限公司
开　　本：787mm × 960mm　1/16
印　　张：9. 5
字　　数：180 千
版　　次：2015 年 3 月第 1 版
印　　次：2015 年 3 月第 1 次
定　　价：29. 80 元

目　录

一、《汉语大字典》义项的概括性献疑

义项是辞典中对多义词不同意义的分项。目前，辞典学界对于如何正确地划分义项，从理论到操作层面上都还存在一定的分歧。但是，义项属于词的理性义、语言义，需要对众多语料进行抽象、概括的分析，排除词在上下文中临时出现的具体、灵活的意义，从而使之既具有较大的普遍性与较广的适用性，又具有明显的区别特征等，对于这些认识，学界是没有争议的。义项具有概括性，这是辞典的基本要求，也是判断辞典编纂水平的重要标尺。然而，义项的概括毕竟是一件十分艰巨复杂的工作，要使每一条义项都做到科学、准确、合理，真正可以奉为典籍，其难度自不待言。较之以往的字典，《汉语大字典》（本书中也简称《大字典》）后出转精，在义项的概括性方面迈出了较大的一步，有了新的突破。但是，由于种种原因，在其浩繁庞杂的义项里，也难以避免个别的义项存在概括失当的问题。

赵振铎先生指出："当前辞书编纂工作中，对义项的建立不是失之过粗，而是失之过细。"本章所讨论的义项概括性方面的不足，主要是"失之过细"的问题，涉及为具体义立项、为临时义立项、为孤例立项、因误解字义而立项、当合并而分项等影响概括性的内容。其中，为孤例立项的条目占了较大的比例。

需要指出的是，孤例并非绝对不能立项。《汉语大字典》"古今兼收、源流并重"的性质决定了它应该对汉语发展史上出现过的语言事实作出全面的反映；要弄清字义的源流、衍变，做到义项丰赡、完备，广采博收，力避缺漏。因此，即使个别字义的例证孤贫，为其设置义项也无可厚非。但如果是孤句中的临时义，且与相近的义项存在交叉重合，不足以显示其区别性特征的话，这样的义项就难以成立了。

由于所讨论的问题时有交叉重合之处，故行文不依问题的类别分开论述，而是按所议条目在《汉语大字典》（修订版）中出现的先后顺序来进行安排。为使讨论的问题更具针对性，条目中的书证与例句都会尽可能地悉数引出。

上 shàng　③高位。汉蔡邕《独断》卷上："上者，尊位所在也。"唐柳宗

元《封建论》："使贤者居上，不肖者居下，而后可以理安。"（第一卷6页）

按，此条仅凭蔡邕对"上"的解释和一条例证来设立义项，显然依据不足。例句中所谓"居上"，就是居于上面或高处；这个"上"指很高的地位，尊贵的位置。"上"的常义即义项①"高处"，其下引例中的"上"均指空间距离大的位置。"人在社会所居位置之高"与"物体所处位置之高"，当属于同一层级系列，区别只在抽象与具体两方面，没有必要在义项上分列。因此，若将此条与义项①合并，再把释文调整为"高处，高位"，便可兼顾到"上"的这两类用法，且更具概括性。

⑦ 上首；上座。《礼记·曲礼上》："席南乡北乡，以西方为上。"郑玄注："上，谓席端也。"《新序·杂事一》："昭奚恤曰：'君，客也，请就上位。'"《镜花缘》第七十一回："阖儿虽按次序，坐位仍无上下。"（同上）

⑫ 等级或质量高的。如：上将；上策。《孙子·谋攻》："凡用兵之法，全国为上，破国次之。"《晋书·宣帝纪》："弃城预走，上计也。"唐陆羽《茶经·一之源》："紫者上，绿者次；笋者上，牙者次。"（同上）

按，表面看来，"上"的这两条义项释文的界限是清楚的：义项⑦是名词，义项⑫是形容词。但是，根据两条义项下的用例考察，不难看出这种划分存在着交叉重合之处。义项的区别性特征若不明显，其概括就是有瑕疵的。我们试将义项⑦中的"以西方为上"、"请就上位"的"上"字分别与义项⑫中的"全国为上"、"上计"的"上"字作比较，就不难发现，其实它们在意义和用法上的差异是很小的。此外，义项⑦《镜花缘》例中的"无上下"，即没有尊贵低贱之分，"上"指高贵、尊贵。概言之，两条义项引例中的"上"，均指等级、地位、质量方面之高，属于形容词。因此，不宜分置为二，应将两项合并，概括、调整为"上等"。这样既简洁明了，其涵盖面也变得更为宽广了。

⑮ 初。《淮南子·览冥》："引类于太极之上。"高诱注："上，犹初也。"（同上）

按，这条孤例引用的文字短小，无以知其前后文意，因而很难确定高注选取多义多用的"初"字究竟指什么。兹将其前后相关内容引述如下："夫阳燧取火于日，方诸取露于月。天地之间，巧历不能举其数。手征忽恍，不能览其光。然以掌握之中，引类于太极之上，而水火可立致者，阴阳同气相动也。"高诱所注的全文是："太极，天地始形之时也。上，犹初也。"这段文字讲的是天地万物之间相感而产生变化的问题。据高注，"太极"指天地始形之时，是"太初，太始”之义。从语法结构上分析，“太极之上”与“掌握之中”对举，“上”应是体词性词，高诱释为“初”，盖指古初之时；所谓“太极之上”，即天地形成之初的古初时期，即太古之时。“引类”，意为借引同类事物之力。如是，例中“上”的“初”义，应视为义项⑭“古；久远”的临时用法，不宜为之单设义项。

㉒ 凌驾；欺凌。《左传·桓公五年》：“君子不欲多上人，况敢陵天子乎?”《国语·周语中》：“《书》曰：‘民可近也，而不可上也。’”韦昭注：“上，陵也。”（第一卷7页）

按，“上”之“凌驾；欺凌”的义项，能否成立值得考虑。因为“上”的常用名词义指“上面，高处”，而例证中的两个“上”字，都应当视为方位名词活用作动词，是“处其上、居其上”的意思。《左传》例中的“多上人”即多居他人之上。在这一特定的语境里，“居他人之上”也就意味着凌驾于他人之上。《国语》例中的“不可上”即不可高居于民之上；韦昭注“上”为“陵”，就是根据上下文对“上”的临时用法作出调整后的解释，因而不宜直接作为义项设置的依据。总之，此项缺乏独立性，至多只能作为又项，置于义项①“高处”之下。

下 xià ② 指地。《书·尧典》：“格于上下。”孔传：“至于天地。”《楚辞·天问》：“上下未形，何由考之?”王逸注：“言天地未分，溷沌无垠，谁考定而知之也。”（第一卷8页）

③ 指地表之下。《礼记·檀弓下》：“夫子疾，莫养于下，请以殉葬。”郑玄注：“下，地下。”《亢仓子·农道》：“甽欲深以端，亩欲沃以平，下得阴，上得阳，然后盛生。”（同上）

按，这两条义项的内容有范围大小之别，存在着涵括与包容的关系，不符合分设义项的条件。“下”本是与“上”相对的反义词，不管是指地面上，还是指地底下，都是相对天空而言处于其下的位置。从义项②的释文看，“地”即大地、地面，其所指范围相当广泛，地上地下，都能涵盖，很难也不必与“地表之下”截然分开。再看义项③所举例证。例一，郑玄注“下”为“地下”，是因为例中的“下”是特指阴间、九泉之下；“莫养于下”，是说齐国大夫陈子车死了，在九泉之下无人奉养照料。例二的“甽”指田间小沟，而其所处之“下”，只是略低于田亩而已，归入地表的范围又何妨？处理的办法是采取折中的方式，将这两条义项合并为“大地；地下”。

主 zhǔ ⑯主婚。《谷梁传·庄公元年》："主王姬者，必自公门出。"（第一卷51页）

按，此义项是从孤例中推测出来的，似难成立。我们再来细究文献，此章记载的是周天子将女儿王姬嫁给齐侯之事，因例句的前文有"使之主婚姻，与齐为礼"之言，故句中"主"之后承接的"婚姻"二字被省略。由于动词"主"的对象是举行婚礼的王姬，故将其释为"主婚"，只是其常义"主持"在特定语境中才会显示出来，若随文作注，当然可用"这里指主婚"说解，但将其立为义项就不可取了。我们可将此项并入"主"的义项⑫"掌管；主持"之下。

⑱专一；专心。《论衡·明雩》："故立社为位，主心事之。"（同上）

按，例中的"主"与"心"连用，而义项释文"专心"则将句中的"心"字也带入，扩大了意义范围，是为小疵。又，以"专一"解释例中的"主"是可以讲通的，但仅出现在这条孤例中，恐只能视为其临时用法。这一用法与义项⑭"守"之义联系紧密。"主心"即守住心志，也就是专一、心无旁骛。单就此例而言，两种解释并不对立排斥，但从义项的概括性要求来看，两者是当合而不当分的。

承 chéng ⑩阻止，抵御。《诗经·鲁颂·閟宫》："戎狄是膺，荆舒是惩，则莫我敢承。"毛传："承，止也。"郑玄笺："僖公与齐桓举义兵，北当戎与狄，南艾荆及群舒，天下无敢御者。"（第一卷63页）

按，引例是一首歌颂鲁僖公辉煌战功的诗。编者据毛传及郑笺，将句中的"承"释为"阻止，抵御"并无不可。如是，这几句诗是言鲁僖公北边打击戎狄，南面惩戒荆舒，威势强大，天下无人敢抵御。这样解释，意思很顺。但问题在于，此义系据孤例中的随文训释而得，谈不上归纳、概括；且如此为释，与"承"的其他意义之间还缺乏必要的联系。孔颖达疏值得我们注意。疏曰："君之所征往无不克，则无有于我僖公敢御止之。"孔疏认同毛传、郑笺的解释，其后又进一步补充说："承者，当待之义，不敢当待，即是不敢御止，故以'承'为'止'也。"也就是说，"承"义本为"当待"；所谓"当待"，就是承当、承受。没有谁敢承当鲁国的强大威势，也就意味着没人敢于阻止、抵御它，故"承"在该句中可用"止"释之。孔疏对毛传训"承"为"止"的原因分析得很有道理。综上，这一义项不当设置。此义应视为义项④"承担；担当"的临时用法，例句可置于其下。又，郑笺的末句本作"天下无敢御也"，大字典误将"也"写为"者"，应当正之。

乱 luàn ③战争；武力。《广韵·换韵》："乱，兵寇也。"《左传·隐公四年》："臣闻以德和民，不闻以乱。"杜预注："乱谓阻兵而安忍。"（第一卷66页）

按，这条义项设置依据不足。从《广韵》的释义看，所谓"兵寇"，就是乱兵、贼寇。《后汉书·窦融传》："融见更始新立，三辅连被兵寇，百姓震骇。"兵寇凭借武力为非作歹是造成战争和社会混乱的重要因素，但径将"兵寇"转换为"战争；武力"之义，则比较牵强。再看例证，结合例句后面的内容细究，杜预所理解的句中之"乱"，当指下文所说的"夫州吁，阻兵而安忍"，是对州吁这个人所做的"乱"事的具体说明，而非对"乱"的词义作释。"阻兵"即仗恃着手握兵权，"安忍"即安于做残忍的事。可见，州吁的"阻兵而安忍"与"战争；武力"义之间还有较大的距离。例中"以乱（和民）"是与"以德和民"对应的，"乱"应是祸乱、战乱的意思。总之，此条不当立，宜并入义项②"动荡；不安定"中；同时，再将其调整为"动荡；动乱"。

⑩改变。唐韩愈《张中丞传后叙》："巡就戮时，颜色不乱。"（同上）

按，用"改变"解释例中的"乱"，言张巡就戮时神态不改变，的确极为贴切。遗憾的是，义项下仅有一条例证，且从词义的系统性看，这样随文为释使得这一意义与"乱"的其他意义相去较远，因此，不宜单独将其列为义项。其实，例中"乱"的意思与其常义"杂乱"是紧密相关的，即慌乱；"不乱"指张巡镇静自若，不慌乱。这一义项当归并到⑤"杂乱；无条理"下，同时，可将释义调整为"杂乱；慌乱"。

厚 hòu ④财富。《韩非子·有度》："毁国之厚，以利其家，臣不谓智。"（第一卷83页）

按，"厚"本是形容词，因在句中用作偏正短语的中心词充当宾语，而有了名词的词性，指富厚的财产。用一"厚"字，旨在强调国家财产之多。这种用法，修辞上谓之"以偏代正"。可见，以"财富"解释例中的"厚"字，还不够准确。更主要的是，孤例中的修辞义，不能满足设立义项的条件。这个"厚"，应视为义项③"丰厚；富厚"的临时用法。可以按编纂条例在义项③下设置又项"富厚的财产"。

匮 kuì ②虚假。《国语·晋语五》："今阳子之貌济，其言匮，非其实也。"韦昭注："言不副貌为匮。"（第一卷103页）

按，此条为孤例立项，盖编者对韦昭注及例句的理解有偏误。这段话是甯嬴氏对晋国太傅阳处父的评论之辞。韦昭对这段文字的注释全文是："济，成也。

言不副貌为匮。匮，乏也。”据韦注，“貌济”是言阳处父老成稳重；“言匮”则指其言语不能与其好的外貌匹配。不能相副的具体表征就是言辞匮乏、拙于表达，所以注文在后面又用“乏也”对“匮”字做了补充说明。由此可知，韦昭所谓“言不副貌”，只是对阳子的言语表达水平作出的评价，而后面的“匮，乏也”才是对“匮”字词义的训释。因此，据此例及韦注，不能得出“匮”有“虚假”之义，更不能据此为其单立义项。此条无疑应归并到义项①“竭尽，匮乏”之中。

休 xiū ⑬ 懈怠。《左传·昭公五年》：“兹敝邑休殆，而忘其死，亡无日矣。”杜预注：“休，解（懈）也。”（第一卷150页）

按，例中这段话是吴王之弟被楚国抓捕后，对楚王使者所言。原文是：“君若欢焉，好逆使臣，兹敝邑休殆，而忘其死，亡无日矣。”引例中的“兹”当为“滋”，“滋”是“滋长，增长”的意思，字典引用有误，当正之。杜预释“休”为“解”，即懈怠，就该句而言，可谓惬当。“殆”是怠惰的意思，“休殆”同义连文（或称“同义连用”），共表“松懈怠惰”之义。所谓“兹敝邑休殆”，就是滋长我们国家的松懈怠惰之心。应当看到，“休”的此义只是其常义“休息；休歇”的临时用法。因为思想上的休歇，常会使人松懈而不警惧。可见，根据孤例中的古注来设置义项应当十分慎重。此条应归并到义项①“休息”之中。

伏 fú ⑪ 居处；居住。《左传·定公四年》：“寡君越在草莽，未获所伏。”杜预注：“伏，犹处也。”（第一卷152页）

按，这一义项是根据孤例下的杜预注而设立的。然而，简单地将孤例的随文释义立为义项，则不合概括性原则。此例为楚大臣申包胥对秦哀公所言。时楚昭王被吴国打得大败，派申包胥到秦国求助。所谓“寡君越在草莽”，是指楚昭王失去国家，逃亡在外；“未获所伏”则是说没有找到藏身之处。此乃委婉的外交辞令。例中的“伏”即躲藏，藏身，应视为义项④“藏匿；隐藏”在句中的临时义。此例当并入其下，不必单立义项。

⑭ 车轼，即车前横木。《史记·酷吏列传》：“同车未尝敢均茵伏。”裴骃集解引徐广曰：“伏者，轼。”（同上）

按，“伏”指“车轼”当属此字的临时用法，不宜设为义项。引例是讲酷吏周阳由十分“暴酷骄恣”的事情，言汲黯和司马安虽位高权重，但同车时都不敢与周阳由平起平坐。司马贞索隐：“均，等也。茵，车蓐也。伏，车轼也。言二人与由同载一车，尚不敢与之均茵轼也，谓下之也。《汉书》‘伏’作‘凭’

也。”其说与徐广相同。“伏”可以解作车轼，是因为古时的车乘上，能够供人伏靠之处只有车轼，所以，“伏”临时用来指称“车轼”是很自然的。我们认为，徐广注“伏者，轼”，司马贞注“伏，车轼也”，均旨在提示句中的“伏”指车上俯身倚靠之处，而不是俯伏这个动作行为本身。《汉书·酷吏传》作“同车未尝敢均茵凭”。颜师古注：“茵，车中蓐也。凭，车中所凭者也。言此二人皆下让由，故同车之时自处其偏侧，不均敌也。”据这条异文可知，言“伏”或“凭”，当是动词临时用作名词。因此，不可据孤例以及古注的随文说解擅立义项。从释义及查检方便的角度考虑，可将此条作为又项置于义项③“身体前倾靠在物体上”中。因为该义项中引用了《庄子·渔父》中“孔子伏轼而叹”之例，正与此例中“伏”的临时义“车轼”直接相关。

任 rèn ⑬ 使用；利用。《广雅·释诂一》：“任，使也。”《周礼·地官·牛人》：“凡会同军旅行役，共其兵车之牛，与其牵傍，以载公任器。”郑玄注：“任，犹用也。”《战国策·秦策一》：“齐桓任战而伯天下。”唐皮日休《原弈》：“如生者必能用手足，任耳目者矣。”（第一卷156页）

⑲ 凭借。《史记·平津侯主父列传》：“昔秦皇帝任战胜之威，蚕食天下，并吞战国，海内为一，功齐三代。”唐杜甫《奉赠严八阁老》：“新诗句句好，应任老夫传。”仇兆鳌注：“任，托也。”（同上）

按，从两条义项的释文看，“利用”和“凭借”都含有依靠或采用某种手段、条件为自己服务，以达到某种目的的意思，因而两者存在着交叉重合之处。分置为两项，区别性特征不显，各自的独立性就成问题了。再结合例证分析，义项⑬中的“任战”可以释为“凭借战争”，“任耳目”可以释为“凭借着耳目”。义项⑲中的“任战胜之威”也就是利用战胜之威。将义项⑲中的“应任老夫传”释为“应当利用老夫来传播”，同样可行。至于义项⑬的释文“使用”一词，确与“利用”或“凭借”之义有一定的距离。“使用”侧重于行为主体（主事者）对于行为对象的支配作用，而“利用”、“凭借”则比较强调行为对象的依靠作用。《周礼》之例的“任器”，就是供人使用的器物，“任”是“使用”之义。为此，可作如下处理：将两项合并为“利用；凭借”，再将义项⑬中《广雅》和《战国策》的材料移至义项⑧“委任；任用”下，义项⑧则可调整为“使用；任用”。

⑭ 劳役。《汉书·贾山传》：“赋敛重数，百姓任罢。”颜师古注：“任，谓役事也。”（同上）

按，“任”在例中用颜注的“役事”及“劳役”的义项解释都是可行的；“罢”通“疲”，“任罢”犹言被劳役弄得疲惫不堪。但是，仅凭此例和颜注就设立“劳役”这一义项，显然是欠妥的。“任”作名词表“劳役”并非其概括、固定之义，而应看作是义项④“担当；承受”的临时用法。解决的办法是在其下设置又项“承担的劳役”。

佐 zuǒ ⑤治理；管理。《大戴礼记·卫将军文子》：“廉于其事上也，以佐其下。”（第一卷164页）

按，一条材料不足以支撑起独立的义项。此外，单就例句本身而言，把“佐”释为“治理；管理”，并无不妥。然而，由于这条引例被截取后文字偏短，因而自足性不够，结合前后文意看，其作为释文还存在一定偏差。这段话是子贡评价鲁国大夫澹台灭明的民本思想的，“贵之不喜，贱之不怒；苟于民利矣，廉于其事上也，以佐其下，是澹台灭明之行也”。清人王聘珍解诂：“苟，诚也；廉，犹俭也；佐，助也。以佐其下者，损上益下也。”相对而言，王聘珍的解释更为清楚、合理，惜编者未予参看。这两句话的意思是说，澹台灭明俭于侍奉国君，以便帮助更多的下层百姓。“佐其下”，当指帮助他治下的百姓。因此，此条应并入“佐”的义项①“辅助”中。

佚 yì ⑦扬。《文选·司马相如〈长门赋〉》：“魂踰佚而不返兮，形枯槁而独居。”李善注引《苍颉篇》：“佚，扬也。”（第一卷167页）

按，例中的“踰”即“远”。《广雅·释诂一》：“踰，远也。”在古人看来，人死了，灵魂是要离开身体而飘走远逝的。可见，李善随文释“佚”为“扬”不谬。但是，这只能算“佚”的句中义，不宜据此为其设立义项。“扬”与“佚”的义项“弃用；隐遁”联系甚密，此条应当并入其中。灵魂远扬，不就是指灵魂远远隐遁消失吗？

作 zuò ②始。《尔雅·释诂一》：“作，始也。”《书·益稷》：“烝民乃粒，万邦作乂。”《老子》第六十三章：“天下难事，必作于易；天下大事，必作于细。”《文选·张衡〈东京赋〉》：“坚冰作于履霜，寻木起于蘖栽。”薛综注：“言事皆从微至著，不可不慎之于初。”（第一卷168页）

按，此条虽有辞书的训释和几条例证作为依据，但依照概括性要求，把“始”设为义项仍然是欠妥的。以上几条引例中的“始”即开始，与“作”的义项①“产生；兴起”在意义上存在交叉关系，因而例中的几个“作”若以“产生；兴起”解释，都是讲得通的。“万邦作乂”即天下安定；“作于易”即产生于疏易；“作于细”即产生于细心；“作于履霜”与“起于蘖栽”对举，“作”的“兴起”之义尤明。编者或许是为了保留《尔雅》中“始”的释义而将其设为义项，于是拼凑几条例句以证其义。但这样处理顾此失彼，造成了释文“始”与义项①交叉纠葛，影响了义项的相对独立性。此项应当并入义项①中。

⑤发生，表现出。元萧德祥《杀狗劝夫》：“教那厮越妆模，越作势。”（同上）

按，“作”是一个义域较宽、适用面广的动词。《汉语大字典》为“作”列了二十八个义项，显得零散琐碎。原因在于对临时义，随文释义未作出很好的概括，轻易设立义项。此条即其例。从疏通句意的角度看，例中的“作”释为“发生，表现出”十分妥帖，但作为使用频率甚高的常用字，一条例句还远不足以成为设立义项的条件。这个“作”可看作是义项①“产生；兴起”的临时变体，应将其涵括其中。“作势”即作出某种样子的意思。

侍 shì ③养。《吕氏春秋·异用》：“仁人之得饴，以养疾侍老也。”高诱注：“侍，亦养也。”（第一卷177页）

按，义项照搬高注的随文释义而设，缺乏必要的概括，且把单字用作释文，其义也无法确定。“侍”的对象是老人，“养”的对象是病人，此二义有不同之处。高诱根据“养疾侍老”具有的对文关系，以浑言的方式用“养”释“侍”，无疑掩盖了两者存在的差别。例中的“养”乃表其常义“治疗；调养”，而“侍”之义则为“侍养；奉养”。此条仅先秦一例，兹为补上几条中古的材料。《晋书·孝友传·盛彦》：“母王氏因疾失明，彦每言及，未尝不流涕。于是不应辟召，躬自侍养。”“侍养”同义连文。唐韩愈《贞曜先生墓志铭》：“间四年，又命来选为溧阳尉，迎侍溧上。”“迎侍”即接来奉养。唐白居易《送唐州崔使君侍亲赴任》：“乌府一抛霜简去，朱轮四从板舆行。”自注：“崔郎中，从殿中连典四郡，皆侍亲赴任。”“侍亲”即奉养双亲。综上可知，此义与义项①“侍奉；伺候”联系紧密，可与之合并，将释文调整为“侍养；奉养”。

④随从。《广韵·志韵》：“侍，从也。”宋玉《风赋》：“楚襄王游于兰台之宫，宋玉、景差侍。”（同上）

按，因《广韵》中“侍”有“从”的解释，编者便尽可能为其找出例子来凑成义项。这样处理，义项显得单薄，且稍显牵强。此例的“侍”完全可以纳入义项②“在尊者旁边陪着”。因为宋玉、景差之“侍”，不就是跟随陪伴在尊者楚襄王的左右吗？此义既无别的例句佐证，又与义项②的意义交叉重合，所以没有必要单独设立。

便 biàn ⑥更换。《战国策·魏策三》："秦非无事之国也。韩亡之后，必且便事。"《隋书·食货志》："人有人力无牛，或有牛无力者，须令相便，皆得纳种，使地无遗利，人无游手焉。"（第一卷192页）

按，拿此条所引两个例句验之，"便"释为"更换"是比较顺畅的。问题在于，"便"的此义与其他义项缺乏联系，置于此中，孤立突兀，殊为不协。例中的两个"便"，均是形容词活用作动词的情况。例一的"便"用在连用的副词"必且"之后，当为其常义"有利，适宜"临时用作动词，是"朝有利的方面施行"的意思。"便事"犹言秦国将乘便行事，见机行事。这段话是魏国朱已（无忌）劝谏魏王之言。朱已力陈利害关系，劝魏王不要联秦攻韩，弄不好会引火烧身。在这段引文的后面，朱已分析说："便事，必就易与利；就易与利，必矣。"所谓"就易与利"，意指秦国将利用与魏国国土相连的便利先伐魏（而不伐楚与赵），这正是对"便事"，即"乘便行事"的很好的解读。例二的"便"用在副词"相"之后，可视为动词活用（其常义为"便利，方便"），指提供方便的意思。所谓"相便"，是指"有人力无牛"者与"有牛无力者"互相提供方便，以保证土地的耕种。综上，此条不能成立，应将两个例句分置于相应的义项中。

做 zuò ⑤成；成为。《清平山堂话本·羊角哀死战荆轲》："庙中忽然起火，烧做平地。"《水浒传》八十四回："四对儿在阵前厮杀，绞做一团，打做一块。"（第一卷224页）

⑥结成（某种关系）。如：做亲家；做死对头。《京本通俗小说·冯玉梅团圆》："又过数日，妇人脚不痛了，徐信和她做了一对夫妻上路。"（同上）

按，这两条义项的联系十分紧密，甚至可以互为交叉涵括。因为"成为"与"结成"都指产生了某种结果，或者指原来的事情或人物发生了某种变化，只不过由于行为动作的主体及对象有别，致使前一行为相对具体，后一行为比较抽象而已。其实，"做亲家"也可释为双方成为亲家，"做了一对夫妻"亦即两人成了一对夫妻。从义项的概括性考虑，两项的独立性都不够强，应将其合并为"成为；结成"。

剧 jù ②岔路多。《尔雅·释宫》："三达谓之剧旁。"邢昺疏引孙炎曰："旁出歧多故曰剧。"（第一卷391页）

按，此条只有《尔雅》及其义疏的书证，尚无实际用例，故其作为义项的可靠性是令人怀疑的。"剧"的义项③为"多，繁多"，而"岔路多"无非是

“多”的具体的表现形式之一，可以将其作为义项③下面的一个又项并入其中。

执 zhí ⑪ 结。《国语·越语上》：“寡人不知其力之不足也，而又与大国执雠。”韦昭注：“执，犹结也。”（第一卷 491 页）

按，韦昭用“犹结也”随文为注，旨在说明“执”在句中特定的含义，“结”不过是其临时用法而已。细加体味，例中的“执”含有缠结而不松开的意味；所谓“执雠”，就是固持仇怨而不放开。可见，此义与“执”的义项⑨“固执，坚持己见”的联系紧密。此项不当立，归入义项⑨中则比较合适。

壅 yōng ⑤ 防止。《国语·晋语一》：“苟可以携，其入也必甘受，逞而不知，胡可壅也？”韦昭注：“壅，防也。甘言入耳，心以为快，而不知其恶，何可防止也。”（第一卷 530 页）

按，这条义项是根据韦昭之注而设置的。首先，仅凭单例孤注，未必可信；其次，韦注中的“防”及“防止”，与今天的“防止”，即“预先设法制止”之义不一定相同。“防”在古代有“堵塞”义。《玉篇·阜部》：“防，障也。”《国语·周语》：“不防川，不窦泽。”韦昭注：“防，障也。”“障”即堵塞。此例中，韦昭释“壅”为“防”，盖取其“堵塞，堵住”义。因此，此项宜归到义项①“阻隔；堵塞”之中。

寻 xún ⑥ 讨伐。《国语·周语中》：“夫三军之所寻，将蛮夷戎狄之骄逸不虔，于是乎致武。”韦昭注：“寻，讨也。”（第一卷 553 页）

按，“讨”为多义词，韦昭以“讨”释“寻”，尚需斟酌其所取究竟为何义。从句意看，“寻”的对象是“致武”的目标，“寻”则是“致武”的前提，因此，把“寻”释为有明确目的的行为——讨伐，意义有所偏失。其次，韦昭的注文应是取当时通用的字词，而魏晋时期，“寻找”是“讨”的常用义。例如：晋陆机《文赋》：“或因枝以振叶，或沿波而讨源。”南朝梁沈约《梁书·与徐勉书》：“尚欲讨寻文簿，时议同异。”引例中的“所寻”，即寻找的对象、缘由等。因此，可将这一用法归并到义项④“搜求；找”之下。

导 dǎo ④ 导致；引起。《国语·晋语四》：“义以导利，利以阜姓。”韦昭注：“有义，则利随之。”《太平天国史料·天地会檄文》：“以苍生之久困，黎庶之无依，是以导我英雄，修我矛戟，共奋义而争光。”（第一卷 555 页）

按，就这两条例证来说，用“导致；引起”解释“导”都是比较合理的，然参照其相邻义项③“引诱；逗引”，这条义项的设置则需斟酌。“引诱；逗引”与“导致；引起”义存在交叉重合之处。若将两例中的“导”释为“引出；引来”，并无不妥：“导利”即引来利益；“导我英雄”即引出我的英雄。因此，从概括性的角度考虑，这样分设两项则不具区别性要求。把“导”的义项③与④合并，再将释文调整为“引出；逗引”，便可解决这一问题。

弄 nòng ① 用手玩弄。《尔雅·释言》：“弄，玩也。”《诗·小雅·斯干》：“乃生男子，载寝之床，载衣之裳，载弄之璋。”郑玄笺：“男子生……而玩以璋者，欲其比德焉。”《汉书·赵尧传》：“高祖持御史大夫印弄之。”《乐府诗集·杂曲歌辞·西洲曲》：“低头弄莲子，莲子清如水。”（第一卷557页）

② 游戏；玩耍。《左传·僖公九年》：“臣闻无人无党。有党必有雠。夷吾弱不好弄，能斗不过，长亦不改，不识其他。”杜预注：“弄，戏也。”《论衡·本性》：“孔子能行，以俎豆为弄。”唐李白《长干行》：“郎骑竹马来，绕床弄青梅。”引申为玩赏、以某事物为乐。……（同上）

按，为便于比较分析，不烦将两条义项下的用例全数引出。两条义项的意义联系十分密切，区别在于“用手玩弄”的动作比较具体，“游戏；玩耍”相对抽象、宽泛一些。按照释义的概括性要求，词的各个义项之间在意义上不应有包含与被包含的关系。然而，义项②的意义范围明显要大于义项①，并可以将其包容涵括。试用义项②的释文解释义项①例中的“弄”字，可以讲得通。如“弄之璋”即拿玉璋给他玩耍；“持御史大夫印弄之”即玩弄、把玩印鉴；“弄莲子”即玩耍莲子。我们实在看不出它与“弄青梅”的“弄”有何区别。实际上，“用手玩弄”只是“游戏；玩耍”在句中的具体表现。因此，可将“弄”的这两条义项合并，调整为“戏耍；玩弄”。至于义项②中所附“引申为玩赏、以某事物为乐”的一项，亦可用“戏耍；玩弄”涵括，所以应取消这一层义项。

⑥ 动用。《汉书·龚遂传》：“其民困于饥寒而吏不恤，故使陛下赤子盗弄陛下之兵于横池中耳。”（第一卷558页）

按，在没有提供别的材料参照的情况下，将例中的“弄”释为“动用”，只能视为据上下文推测出来的临时用法。考之句意，“盗弄”之“弄”无疑含有贬斥色彩，指非正常地随意调用、动用。可见，这一用法与其常义“玩弄”联系紧密，所以，此条不当立。

弊 bì ⑪ 讨厌；厌恶。晋王羲之《鹘等帖》：“鹘等不佳，令人弊见此辈。吾衰老，不复堪此。”（第一卷561页）

按，将例中的“弊”释为“讨厌；厌恶”十分合理，但这只能算句中的临时义，为其设立义项则会依据不足。“弊”的此义，当为其常义“困乏，疲困”

的活用，属形容词的意动用法，可按“以……为弊”来理解。“弊见此辈”，即对于见到这帮人感到疲乏劳累。下文“吾衰老，不复堪此”之言，正是此解最好的注脚。明乎此，应将这一义项并入义项⑦“疲困”中。罗竹风主编的《汉语大词典》也专为“弊”的此例设立了“讨厌；厌恶”义项，同样未达一间。

失 shī ⑨损失。《史记·项羽本纪》：“今将军为秦将三岁矣，所亡失以十万数。”《后汉书·西羌传论》：“故得不酬失，功不半劳。”宋曾巩《战国策目录序》：“故论诈之便而讳其败，言战之善而蔽其患，其相率而为之者，莫不有利焉，而不胜其害也；有得焉，而不胜其失也。”（第一卷569页）

按，仅就这几条例证而言，为“失”设立“损失”的义项是可以成立的。但是，置于“失”的词义系统考察，这样做则未必允当。“失”的义项①为“遗失；丧失；丢掉”，两相比较不难看出，它们之间的联系是较为紧密的，这样分项处理，其意义交叉纠缠，造成各自语义的区别特征不显，影响了义项的概括性。如例二的“得不酬失”，例三的“不胜其失也”，两个“失”均与“得”对举使用，把它们释为“遗失；丢失”则未尝不可。据此，将此项与义项①合并，再调整为“遗失；丧失；失去”，庶几可以弥补这一疏失。

奇 qí ⑥长。《淮南子·诠言》：“圣人无屈奇之服，无瑰异之行。”高诱注：“屈，短；奇，长也。”（第一卷577页）

按，释文直接取用高诱对句中“奇”字字义的解释，没有概括性可言。高诱以“长”训“奇”，是对服装之“奇”的具体说解：衣服过于长大，不合常制，就是奇装异服了。例中的“奇”乃用其常义“奇特、奇异”，只不过在特定的语境中，这种“奇”是以“过长”的形式表现出来罢了。此条当并入义项①“特殊；稀罕；不寻常”中。

得 dé ③采用；采取。《吕氏春秋·顺说》：“今大王万乘之主也，富贵无敌，而好衣民以甲，臣弗得也。”高诱注：“得，犹取也。”（第二卷890页）

按，此条也是根据孤例中的注释来建立义项。高诱只是随文解释了“得”的句中之义，何况，用作释文的“取”字，在当时义域较宽，用法繁多，用来解释“臣弗得”时，“得”的“选取”、“获得”、“接受”等义都可拿来释之。此例的“得”当紧扣其常义作解，它与义项①“得到；获得”联系较密，是其义位变体，可灵活解释为“接受”，可将其并入其中。

⑥便利；有利。《吕氏春秋·淫辞》：“昔吾所亡者，纺缁也。今子之衣，禅缁也。以禅缁当纺缁，子岂不得哉！”高诱注：“得，犹便也。”（同上）

按，"便"在汉代已有多个意义，高诱以"便"释"得"，不知取"便"的何义？用"便利；有利"替换高注，是编者根据句意而作出的调整。虽于此例可行，但仅见于孤例，不可轻信。此例中的"得"可被视为义项①的具体运用，即得到便宜（好处）的意思。总之，词的临时义是不应分立义项的。

从 cóng ⑥牵。《淮南子·氾论》："乌鹊之巢，可俯而探也；禽兽，可羁而从也。"高诱注："从，犹牵也。"（第二卷 891 页）

按，"从"释为"牵"，属临时用法义，具体而言，是"从"用作使动，为"使（之）跟从"的意思。高诱据文释"从"为"牵"并没有错，然拿来立为义项，就不妥当了。根据编写原则，使动、意动用法一般不单立义项，若列，可设置义项。义项⑤为"率；带领"，因而也可考虑将此例并入，再参照同类用法的处理方式，把义项调整为"带领；使跟从"。

御 yù ⑱凭靠；倚。《文选·曹植〈杂诗六首〉之六》："飞观百余尺，临牖御棂轩。"李善注："御，犹凭也。"（第二卷 894 页）

按，"御"的本义即义项①"驾驭车马"，例中的"御"与其本义联系较紧：诗人登上高高的望楼，临窗凭靠着栏杆，就犹如驾乘车马一般。由于仅有一例，因此"御"释作"凭靠；倚"应视为"驾驭车马"的比喻用法，属于修辞义，不能因为李善注有"犹凭也"就为之单独设立义项。

⑲待。《孔子家语·颜回》："人莫不知此道之美而莫之御也。"王肃注："御，犹待也。"（同上）

按，释文用"待"字，义不明确。这句话是孔子回答颜回之言。其前文为："颜回谓子路曰：'力猛于德而得其死者，鲜矣！盍慎诸焉？'"颜回所问的意思是，那些力气强于德行的人死得其所者甚少，他们为何不谨慎一点呢？而孔子认为，人们都懂得这个道理，但就是没人能在行动上控制自己。由此而言，例中的"御"当是"驾驭，控制"的意思，可视为义项①"驾驭车马"的临时用法。王肃的释义据文意而言有所发挥，不宜据此单独建立义项。

⑳陈列。《后汉书·班固传下》："启恭馆之金縢，御东序之秘宝。"李贤注："御，犹陈也。"（同上）

按，李贤注只是解释"御"在句中的特定含义。他对这两句的训释是："恭肃之馆谓庙中也。金縢，以金缄匮，藏符瑞之书于其中也。御，犹陈也。东序，东厢也。秘宝谓河图之属。……言启金縢之书及河图之卦以占之也。"由此可知，例句中的"御"释为"陈列"可通。但仅凭孤例立项，是不够的，且"陈列"

义同“御”的多个义项均不搭界，作为义项，缺乏理据而显得突兀。此例的“御”可释为“使用，享用”，意指打开宗庙里的金縢之书，享用东厢的秘藏宝典。义项⑫“进献”下设有“进用；使用”的又项，可将其升级为独立的义项，并将此例置于其下。

循 xún ⑤恭谨。《战国策·赵策四》：“臣以齐循事王，王能亡燕，能亡韩魏，能攻秦，能孤秦。”郭希汾注：“循，谨也。”（第二卷897页）

按，郭注随文所释之义，与“循”的其他意义之间缺乏逻辑联系，作为义项难以成立。“循”在此应为义项②“依循；遵从”的临时用法。“循事王”是指听从大王的吩咐，侍奉大王的意思。因此，将此例并入义项②中，更稳妥、合宜。又，此例姚宏注：“循，曾（巩）作脩。”若“循”字当作“脩”，则与“恭谨”之义相去更远。可见，将不可靠的孤例作为设置义项的依据是不可取的。

康 kāng ⑦乐；好。《商君书·开塞》：“夫利天下之民者莫大于治，而治莫康于立君。”（第二卷955页）

按，例中的“康”释为“乐；好”，是随文作解的临时义。倘只顾及上下文是否讲得通，将此例的“康”解作“胜”、“超”、“强”也未尝不可。若从概括性的角度考虑，“乐；好”应视为义项①“安乐；安定”的灵活用法，没有必要为这一孤例另立义项。

宇 yǔ ⑦原野。《楚辞·招魂》：“其外旷宇兮。”王逸注：“宇，野也。”（第二卷978页）

按，“旷宇”当指旷远无际的空间。诗人用“宇”表示原野，是以整个空间来喻指房屋，属比喻用法。为孤例的比喻用法建立的义项，是没有概括性的。此例可以归并到⑤“指上下四方整个空间”之下。“原野”不也属于一种空间吗?

宅 zhái ⑦存。《书·康诰》：“宅心知训。”孔颖达疏：“居之于心，则知训民矣。”（第二卷979页）

按，孔颖达释“宅心”为“居之于心”，就是放在心上的意思。蔡沈集传：“宅心，处心也。”据此可知，“宅”义即“置放，居存”。全句意为：居存民心就可知训民之方。“宅”的此义仅见该例，属临时用法，宜并入⑤“居；居住”之中。《资治通鉴·陈纪十》：“亿兆宅心。”胡三省注：“宅心，居心也。”可为佐证。

安 ān ⑫内。《荀子·仲尼》：“安忘其怒，出忘其雠。”杨倞注：“安，犹内也。”（第二卷980页）

按，杨倞释“安”为“内”，可能是据下句的“出”字推出来的，系句中临时之义。然从词性上看，“内”是方位名词，“出”为动词，词性并不一致，故杨注未必合理。其中，“安”应是“安居在家”的意思，这样才能与表“外出做事”的“出”对应。《尔雅·释诂下》：“安，止也。”邢昺疏：“安，休止也。”例中的“安”正是此义在句中的临时变体。据此，此条可并入义项③“止；静止”之下，再将释文调整为“静止；休止”。

密 mì ⑤隐蔽之处。《礼记·少仪》：“不窥密。”郑玄注：“密，隐曲处也。”（第二卷1008页）

按，郑玄之注旨在说明“密”在句中的具体所指。不难看出，所谓“隐曲（蔽）之处”，就是“密”的常义“隐秘，秘密”转换了词性的临时用法，所以，不宜因有郑玄注就另立义项。此条应并入义项④“秘密”之下。

居 jū ⑫地位。《逸周书·芮良夫》：“其惟洗尔心，改尔行，克忧往愆，以保尔居。”孔晁注：“洗心改行忧往过，则安尔之居位。”（第二卷1039页）

按，孔晁释“居”作“居位”，即所居之位，这只是“居”在该句中的临时义。此义与义项⑭“占；占据”联系十分紧密，可以看作是“居”的动词义临时用作了名词。应考虑将此义置于义项⑭之中，并将其调整为“居处；占据”。

⑮为。杨树达《词诠》卷四：“居，为也。”《礼记·礼器》：“其在人也，如竹箭之有筠也，如松柏之有心也，二者居天下之大端矣。”（同上）

按，首先，“为”是个泛义动词，义域范围明显大于被释词“居”，用作释文不妥；其次，杨树达释“居”为“为”，是追求句子通顺而随文得出的句中之义。此义于例句虽然可通，但无别的材料佐证，所以，作为义项释文的依据明显不足。我们认为，这个“居”是其常义“居于；处于”的临时用法，将其并入义项⑧“处在；处于”即可。

弭 mǐ ⑤遗忘。《楚辞·远游》：“氾容与而遐举兮，聊抑志而自弭。”《文选·潘岳〈悼亡诗〉》：“俯仰未能弭，寻念非但一。”李善引贾逵《国语》注：“弭，忘也。”（第二卷1062页）

按，为“弭”设置“遗忘”的义项，不符合义项的概括性要求。书证中虽引用了释“弭”为“忘”的材料，但那只是古代注家对“弭”在句中特定含义的解释。两例中的“弭”字，释为“忘记”或者“遗忘”，都属于临时用法义。所谓“自弭”即自我消解（低沉的情绪）；“未能弭”犹言未能消除（对亡妻的怀念之情）。因为情感或者情绪消除的结果就是遗忘、忘却。因此，宜将此项合并到义项③之中。

弱 ruò ⑧ 败。《释名·释言语》："弱，衄也。"《左传·襄公二十六年》："颉遇王子，弱焉。"杜预注："弱，败也。"《韩非子·难一》："战而不胜，则国亡兵弱，身死名息。"（第二卷 1064 页）

按，《释名》以"衄"释"弱"，对于今人来说，属于以难释易，若不作进一步的解说，反倒让人更难把握。因此，将"衄"引作书证似不够适宜。《后汉书·段颎传》："巨兵累见折衄。"李贤注："伤败曰衄。"可知"衄"有"伤败"义。所引两例中的"弱"，都可以"战败，失败"释之。又，"弱"的义项⑤为"衰败"，此项一则与"败"之义存在交叉重合处，二则其下仅有一条例句，难以支撑证明。鉴于此，将这两条义项合并，将释文调整为"衰败；失败"，就比较充实、概括了。这样处理，可说是一举两得。

已 yǐ ⑨ 从前；已往。《汉书·贾谊传》："夫三代之所以长久者，其已事可知也。"颜师古注："已事，已往之事。"（第二卷 1075 页）

按，例中"已"之义与义项②"完成；完毕"紧密相关。所谓"已事"，就是已经过往之事。就追溯历史而言，历史上发生了的事，都是某一阶段终了、完结的事。因此，颜注解释"已"为"已往"不误。由于例证不足，此义只能算作临时用法义，没有必要为之单设义项，应将其归入"完成；完毕"。

孩 hái ④ 爱抚。北齐樊逊《举秀才对策》："明罚以纠诸侯，申恩以孩百姓。"（第二卷 1088 页）

⑤ 看作是婴儿。《老子》第四十九章："百姓皆注其耳目，圣人皆孩之。"王弼注："皆使和而无欲如婴也。"（同上）

按，为辨析方便和节省篇幅，将两条词目合起来讨论。前例"孩百姓"的"孩"为意动用法，此句意为把百姓视为孩子；后例"圣人皆孩之"的"孩"，王弼注释为"皆使和而无欲如婴"，可知是使动用法，《汉语大字典》的编者释为"看作是婴儿"。将其视为意动用法显然是误解了王注。"皆孩之"犹言都使他们成为无知无欲的婴孩。既然两例的"孩"都是活用，且为孤例，就不宜单独立项。应将两条取消，置于义项②"小孩；幼儿"之中，在其下设立又项予以说明。

殃 yāng ② 罚。《字汇·歹部》："殃，罚也。"《淮南子·时则》："动众兴兵，必有天殃。"高诱注："殃，罚。"（第三卷 1483 页）

按，例中的"殃"，可看作是名词用作动词，即"降下祸殃"。在古人看来，天降灾祸，就是老天给予的惩罚。从这个意义上说，高诱以“罚”解释句中的“殃”与此是相通的。但是，仅靠此例中的临时用法和《字汇》中的释义来凑成义项，则缺乏概括性。从时间的先后顺序来看，《字汇》的释义很可能取自高注。这条义项可以归并到义项①“凶；灾祸”之下。

殊 shū ⑦ 大。《文选·张衡〈西京赋〉》：“超殊榛，揥飞鼯。”李善注引薛综曰：“殊，犹大也。”（第三卷 1486 页）

按，例中的“殊榛”，是说榛树的外形非同一般，因而显得特殊。薛综以“大”训“殊”，是对榛树的突出特点——高大的说明，属于上下文中的具体义；加之仅此一例，为其另立义项更不可取。将此项并入义项⑤“特殊；特出”之中，就比较合宜了。

历 lì ③ 行。《广雅·释诂一》：“历，行也。”《战国策·秦策一》：“伏轼撙衔，横历天下。”高诱注：“历，行也。”隋卢思道《游梁城》：“扬镳历汴浦，迴扈入梁墟。”（第三卷 1548 页）

按，两例中的“历”之义，都与其本义，即义项①“经历；经过”紧密相关：“经历”往往离不开行走，而“行走”则必有所经历。区别在于，“经历；经过”比较抽象概括，而“行走”的动作性强，意义要略为具体一点。这样看来，义项①是可以涵括“行”之义的。此条将古代书证搬来，不加分析便直接作为义项释文，显然是欠妥的。将此条并入“经历；经过”中，方符合概括性要求。

放 fàng ⑰ 显露；摆出。《二十年目睹之怪现状》第六十六回：“放出阔老（佬）的面目去骄其娼妓了。”（第三卷 1555 页）

按，为这一例的“放”字单立义项，终觉依据单薄。释为“显露；摆出”，不过是“放”在句中的临时义罢了。“放”的义项⑬为“出示（榜）；放榜”，即公示榜上有名的人，不过，“出示”义的搭配对象不必局限于“榜”，如此例中的“放”，就有将阔老（佬）的面目在他人面前显示出来的意思。“放”的这一具体义，归并到⑬中较宜。

暴 bào ⑨ 短促。《大戴礼记·保傅》：“何殷、周有道之长，而秦无道之暴？”卢辩注：“暴，卒疾也。”（第三卷 1644 页）

按，例中的“暴”与“长”意义差别很大，“长”指长远、久远，“暴”指迅疾、短促，实指迅速灭亡。卢辩之注，大概就是据此推而得之。然而，据卢注为此孤例设置义项则缺乏概括性。此义可以看作是义项⑥“急骤；猛烈”的临时变体，应并入其中。因为“急骤；猛烈”者，往往是短促的、迅速的，故两者联系甚密。

清 qīng ⑩鲜。《山海经·西山经》：“丹木五岁，五色乃清。”郭璞注：“言光鲜也。”（第三卷1756页）

按，此条为孤例建立义项，谈不上归纳、概括。例中的“清”指的是“五色”的状态，因为五种颜色都很明亮、清晰，所以郭璞以“光鲜”训之。由此而论，“鲜”及“光鲜”只是“清”在这条孤例中的特定含义，若离开这一语境，则其未必能够成立。又，“清”的义项⑪为“眼珠明亮；黑白分明”，此义也过于具体，不够概括。因此，若将这两条义项合并，调整组合为“明亮；分明”，就可以一并解决问题了。

摸 mō ⑤偷。《儿女英雄传》第四回：“咱们这行啊，全仗的是……摸点儿赚点儿，才剩的钱呢！”（第四卷2043页）

按，“摸”表偷盗之义，是口语化的用法，比较生动形象。今在一些方言中仍在使用。然仅凭一条例证来进行推测，只能算随文为释的行为。“摸”的义项③为“暗中摸取；捕取”，与此义交叉重复。这条例证完全可以涵括其中。道理很清楚，“偷盗”就是暗地里获取他人财产物品的不良行为。

忘 wàng ④舍弃。《集韵·漾韵》：“忘，弃忘也。”《后汉书·宋弘传》：“弘曰：‘臣闻贫贱之知不可忘，糟糠之妻不下堂。’”（第四卷2430页）

按，引例中的“忘”，其义实为“忘而弃之”。由此看来，它与其常义“遗忘”是紧密相关的。“舍弃”之义，应看作是释义“遗忘”在句中的临时变体。这样，我们可以考虑将其置于义项①“不记得；忘记”中。编者这样分设义项，可能是不忍割舍《集韵》中有关“弃忘”的释文。需要指出的是，古代辞典韵书的释文，也有直接取自古籍注疏的随文释义，而未做加工整理的。从概括性的角度考虑，此项宜撤去，连同《集韵》的解释，都并入义项①之中。

快 kuài ③称心；遂意。《玉篇·心部》：“快，可也。”《广韵·夬韵》：“快，称心也。”《北史·刘延明传》：“吾有一女，欲觅一快女婿。”（第四卷2439页）

按，“快”的本义即义项①“高兴；愉快”。而“称心”就是心里愉快，感到满意。引例中的所谓“快女婿”，就是让人心里感到愉快（满意）的女婿。由此可以看出，“称心；遂意”与“高兴；愉快”的意义存在交叉重合之处。因此，可以将这两条义项合并，组成“高兴；愉快；满意”的新义项。这样，《玉篇》、《广韵》的释文亦可被囊括了。

性 xìng ⑥ 姿态。《淮南子·修务》："曼颊皓齿，形夸骨佳，不待脂粉芳泽而性可说者，西施、阳文也。"高诱注："性，犹姿也。"（第四卷 2447 页）

按，"性"释为"姿"或者"姿态"，这两种释义都是根据孤例的上下文推测出来的，所以它们尚不够义项概括的条件。"性"的常义指"性质，特征"，而美女的特质则主要体现在她们的姿色、形态上。由此而言，"性"的义项②"事物的性质，特性"，是能够涵括此例中的"性"之义的。因此，可将此条并入其中。

恙 yàng ① 忧虑。《尔雅·释诂下》："恙，忧也。"《史记·平津侯主父列传》："君不幸罹霜露之病，何恙不已。"司马贞索隐："恙，忧也。"（第四卷 2454 页）

② 祸患。《史记·外戚世家》："及高祖崩，吕后夷戚氏，诛赵王，而高祖后宫唯独无宠疏远者得无恙。"汉王延寿《梦赋》："转祸为福，永无恙兮。"（同上）

按，这两条义项意义联系密切。因为祸患是忧虑的原因之一。义项②"祸患"引例中"无恙"的"恙"，就是祸患造成的忧虑（忧患）。从概括性的角度考虑，可以将两条义项合并，调整为"忧虑；忧患"。再从用例看，《史记》的例证偏晚，可以提前到战国时期。《楚辞·九辩》："赖皇天之厚德兮，还及君之无恙。"朱熹集注："恙，忧也。"《吕氏春秋·异用》："孔子之弟子从远方来者，孔子荷杖而问之曰：'子之公不有恙乎？'"《战国策·齐策四》："威后问使者曰：'岁亦无恙耶？民亦无恙耶？王亦无恙耶？'"鲍彪注："恙，忧也。"

恶 è ② 害。《淮南子·说林》："病热而强之餐，救暍而饮之寒，救经而引其索，救溺而授之石，欲救之，反为恶。"高诱注："恶，犹害也。"（第四卷 2470 页）

按，义项释文是参照高诱注而设的。高诱据文作出的解释无误，但这只是"恶"在句中临时具有的意义。仅凭孤例的临时义立项，是不大可靠的。这段话的意思是，虽有好心想做好事，但是如果方法、手段不对，结果就会适得其反，事与愿违。句末的"反为恶"意即反而做了坏事，实际上害了别人。这个"恶"指的是坏，不好（的事）。为此，此条应并入义项③"坏；不好"之中。

wù ② 羞耻。《集韵·莫韵》："恶，耻也。"《孟子·公孙丑上》："无羞恶之心，非人也。"《史记·平原君虞卿列传》："此百世之怨而赵之所羞，而王弗

知恶焉。”（第四卷 2471 页）

按，“羞耻”是形容词，“恶”的此条若是形容词，应置于前面的“害”项中，置于“羞耻”项中的，都应该是动词。对于《孟子》例中的“羞恶”，朱熹集注曰：“恶，去声，下同。羞，耻已之不善也。恶，憎人之不善也。”很清楚地说明了“恶”是动词。不知何故，词典编纂者弃朱熹之注而不用。《史记》例中的“弗知恶”，即不知道憎恶。所以，此条不能成立，应并入“恶”（wù）的义项①“讨厌；憎恨”之中。

惠 huì ⑤善。《礼记·表记》：“节以壹惠。”郑玄注：“惠，犹善也。”（第四卷 2473 页）

按，用单音节的“善”字为释，其义不好确定。《礼记·表记》这段话为：“子曰：‘先王谥以尊名，节以壹惠，耻名浮于行也。’”郑玄注：“惠，犹善也。言声誉虽有众多者，即以其行一大善者为谥耳。”可知“惠”指善行，好的品质。“壹惠”，即一个突出的、大的善行。然仅此一条例证，是不足以为“惠”字建立“善”的义项的。我们知道，“仁”是儒家善行观的核心，而“善”只是“仁”中的一个重要内容。因此，在尚无相关语料佐证的情况下，可以考虑将此例归入“惠”的义项①“仁爱”之中。

悲 bēi ③眷念；怅望。《汉书·高帝纪下》：“游子悲故乡。”颜师古注：“悲谓顾念也。”（第四卷 2473 页）

按，例中的“悲”指的是游子在外因思念故乡而产生的复杂感情。在特定环境中的特定对象身上，这个“悲”就体现为游子对故乡的眷恋、顾念。仅就此例而言，颜注及义项释文都是可取的，但这毕竟只是“悲”字在该句中临时具有的意义，还不符合义项的概括性要求。“悲”的本义即义项①“哀痛；伤心”，此条可以归并其中。按人之常情，顾念之极则悲，因而“顾念；眷恋”也是哀伤的特殊表现形式。

畏 wèi ②吓唬。《汉书·广川惠王传》：“前杀昭平，反来畏我。”颜师古注：“令我恐畏也。”（第五卷 2711 页）

按，从颜师古的注释“令我恐畏”，可知例中这个“畏”是使动用法。编者将“畏”的这种用法调整为“吓唬”，“畏”则成了及物动词。两种解释是相通的，且都能文从字顺。“令我恐畏”为这一义项的单例，所以，我们只能视“吓唬”为此字的临时用法。根据编纂条例，一般不为使动用法单独建立义项。因此，此条应并入其义项①“害怕；恐惧”之中，或设为又项“使害怕”。

⑥ 难。《广雅·释诂三》："畏，难也。"《汉书·李寻传》："牵于女谒，有所畏难。"（同上）

按，此条用单音节的多义词"难"作义项释文，其义不够清楚确定。"难"在例中是动词，应读去声，是"害怕，畏惧"之义。"畏难"乃同义连文。古代文献中，"难"表具有动词特征的"畏惧"义，是种常见的用法。《释名·释言语》："难，惮也，人所忌惮也。"《易经·屯卦》："刚柔始交而难生。"陆德明《释文》引贾逵注《国语》云："难，畏惮也。"明乎此，将此项并入义项①"害怕；恐惧"之下，就比较妥当了。

留 liú ⑥ 尽。《逸周书·大匡》："哭不留日。"孔晁注："留，尽也。"（第五卷2717页）

按，仅就此例而言，孔晁随文释"留"为"尽"，是比较准确的。但编者据此把"尽"作为义项释文，就没有普适性可言了。按照孔注所释，所谓"留日"，就是用尽一天时间，这是着眼于时间的消耗占用而言的。若从概括性考虑，这个"留"应被视为其常义"停留"的临时变体，是不动、不变的意思。"留日"意味着停留一整天都不改变，这与"用尽一日"的意思是相通的。因此，此条可以合并到"留"的义项①"停留；停止"之中。

⑦ 治理。《国语·楚语上》："举国留之，数年乃成。"韦昭注："留，治之也。"（同上）

按，此例系楚国伍举批评楚灵王修筑章华之台的一段话。加上前文是："今君为此台也，国民罢焉，财用尽焉，年谷败焉，百官烦焉，举国留之，数年乃成。""举国留之"，意即全国的人力、财力都滞留、消耗在这项巨大的工程上。滞留的原因是由于"治之"——修筑章华之台，韦昭之注旨在强调这一点。由此可见，"治"不过是韦昭随文解释"留"在句中临时具有的特定含义，且仅此一例，不足以构成独立的义项。因此，将此例并入"留"的义项③"稽留；留滞"中即可。

秘 mì ③ 闭；藏。《文选·谢灵运〈入彭蠡湖口〉》："灵物吝珍怪，异人秘精魂。"李善注："毛苌《诗》传曰：'秘，闭也。'"（第五卷2785页）

按，例中的"秘"与"吝"对举，无疑是动词，李善注"秘"为"闭"是正确的。"闭"在古代的一个常义就是"隐藏；秘藏"。但是，为"秘"的孤例设置义项，则没有概括性。"秘"的义项①为"不可测知的；不公开的"，是形容词，而其下所设义项"保守秘密"则是动词短语。依照词性不同当另立义项的原则，宜将这个义项独立出来，再与此条组合成动词性的新义项“保密；秘藏”。

百 bǎi ④凡。《诗·邶风·雄雉》：“百尔君子，不知德行。”朱熹注：“百，犹凡也。言凡尔君子岂不知德行乎？”（第五卷2829页）

按，义项的释文“凡”是表总括的副词，“总共，一共”的意思。而例证中的“百”则是数词，表示数量很多。可见，两者的词性并不相合。诚然，“百”在古代有表全数的用法。如《礼记·檀弓下》：“虞人致百祀之本。”孔颖达疏：“言百者，举其全数也。”以上所引《诗经》之例，朱熹注“百”为“凡”，就该句而言，也大体可通。但是，将孤例的随文通释拿来作为义项释文，既不准确，又缺乏概括性，难以成立。“百”的这一用法应归入其义项②“概数”之中。

疾 jí ⑭争。《吕氏春秋·禁塞》：“故大乱天下者，在于不论其义而疾取救守。”高诱注：“疾，犹争。”（第五卷2854页）

按，“争”今指力求取得或达到，即争夺，而用以解释例句中的“疾”，显得不够妥帖，且为孤例设此义项更不可取。“争”在汉魏时期的一个常见用法是作副词，取“争相；极力”之义。如《过秦论》：“于是从散约败，争割地而赂秦。”司马迁《报任少卿书》：“士无不起，躬自流涕，沫血饮泣，更张空拳，冒白刃，北向争死敌者。”引例中的“疾取救守”，就是极力采取自卫的方式。此条并入“疾”的义项⑮“亟；尽力”之中较妥。不过释文“亟”字之义还不够通俗浅白，可将其调整为“极力；尽力”。

考 kǎo ⑬校勘。晋杜预《〈春秋〉序》：“考其真伪，而志其典礼。”孔颖达疏：“考谓校勘，志谓记识。考其真伪，真者因之，伪者改之。”（第五卷2971页）

按，所谓“校勘”，是指考校古籍文献中文字的异同情况，以确定原文的真相。校勘是离不开考察、考订的，因此，“考其真伪”实际上就是考察文献的真假情况。由此可见，例中的“考”释为“校勘”，不过是其在句中的具体之义；再者，为此一例设立义项，也显得过于单薄。此条应并入“考”的义项⑥“考察”之中。若再将释文增补调整为“考察；考订”，就比较稳妥合宜了。

虚 xū ⑥稀少。《吕氏春秋·辨土》：“不知其稼居地之虚也。”高诱注：“虚，亦希也。”（第五卷3014页）

按，高诱选用单音节的“希”字为释，而“希”字又有多义，编者取“希”

的“稀少”之义作为释文，是否符合注释的原意呢？此例连同上下文是：“农夫知其田之易也，不知其稼之疏而不适也；知其田之际（除）也，不知其稼居地之虚也。不除则芜，除之则虚，此事之伤也。”这段话并未涉及田地的面积、数量的问题。揆之文意，前面有“其稼之疏”，已先提及了庄稼的稀疏、稀少，而后面“居地之虚”，讲的当是土壤的质量问题。高诱解释为“希”，盖用其“稀松”之义，指庄稼根部的土壤稀松、空虚。如是为解，正可与其后的“不除则芜，除之则虚”之言相互照应。这几句意为：不除杂草，庄稼会荒芜；清除杂草，又会使庄稼根部土地虚空，扎根不牢。由此看来，例中的“虚”表示“稀松”之义，应视为义项①“空虚”的临时变体，因而此条可以归并其中。

纷 fēn　⑥ 祸乱；灾难。《汉书·扬雄传》：“惟天轨之不辟兮，何纯洁而离纷。”颜师古注：“离，遭也；纷，难也。”（第六卷 3597 页）

按，“纷”的常义是“纷乱，杂乱”，形容词。而在此例中，“纷”充当动词“离”的宾语，则有了名词的功能。颜师古给常用词“纷”作注，说明“纷”在文中有其难解的特殊含义。“纷”当指纷乱的世道、环境。这对于期盼平安的人来说，当然就是祸乱、灾难了。颜注释“纷”为“难”，属于随文意而作出的调整，无误。然“纷”的这一用法仅出现在一例中，是不宜为其单立义项的。“纷”的义项⑤为“杂乱；混杂”，此条若与之合并，再将其调整为“杂乱；纷乱”，就比较妥当了。

缓 huǎn　⑥ 怠慢。《墨子·亲士》：“缓贤忘士而能以其国存者，未曾有也。”（第六卷 3657 页）

按，引例的“缓贤忘士”中，“缓”带上宾语“贤”（贤人），又与动词“忘”对举，无疑有了动词功能，将其释为“怠慢”是很贴切、通顺的。惜没有其他相关用例佐证，义项的归纳概括则无从谈起。“怠慢”之义只能视为孤例中的临时用法，不能独立建项。既如此，可以考虑将其置于“缓”的义项③“推迟；延缓”之下。因为“迟缓地处理贤人之事”，或者“拖延推迟贤者所求之事”等，都是对贤者的怠慢，归入其下，也是合乎情理的。

⑦ 和缓；和谐。《礼记·乐记》：“其乐心感者，其声啴以缓。”（同上）

按，从事理上讲，音乐的和缓、和谐，与其他相关事物的和缓、和谐相比，虽有自身的个性、特点，但就释义而言并非界限分明、区别划然，而是有一定的共通相容之处。当然，倘能找到一定数量的同类语料支撑证明，为其设立这一义项也未尝不可。然而毕竟仅此一例，“缓”的此义恐怕只能被视为句中的临时用法。“缓”的义项①为“宽绰；舒缓”，将此条并入①之下，符合义项概括性的原则。

退 tuì ⑧停止。《吕氏春秋·仲夏纪》：“薄滋味，无致和，退嗜欲，定心气。”高诱注：“退，止也。”（第七卷4089页）

按，高诱对“退”的解释属于句中的临时之义，是否恰当还值得斟酌，仅凭孤例及其解说便设作独立义项，则失之草率，若将其置于“退”的词义系统中考察，亦存在这样的问题。这段话是讲在仲夏季节，君子斋戒时需要注意的事项。例句的前文是：“君子斋戒，处必掩，身欲静无躁，止声色，无或进。”可知，斋戒时“止”（停止或禁止）的是“声色”，即五音、女色。“嗜欲”指嗜好欲望。如果说，嗜好作为习惯，或许还可暂时停止的话，那么，欲望则属于意念上的东西，又怎么能够停止呢？《礼记·月令》论及此事作“节耆（嗜）欲，定心气”，用的是“节”，即节制。显然，所谓“退”和“节”都不是杜绝、禁止，而是要求节制有度、不能放纵。例中的“退嗜欲”，就是让正常的嗜欲消退、减弱的意思。“退”的义项⑦为“衰减；消失”；“退”被释为“节制，控制”，可以看作是“衰减”之义的使动用法。因此，此项不当立，应将其并入义项⑦之中。

逝 shì ③经过。《诗·小雅·何人斯》：“彼何人斯？其心孔艰！胡逝我梁，不入我门。”（第七卷4090页）

按，为《诗经》一条例句的临时义设置义项，很难说具有概括性。又，对于例中的“逝”字，历代各家的解释不一，或释为“经过”，或释为“往，前往”，此不赘引。实际上，前往某处与经过某处，只是叙事的角度不同，其空间移动的行为和到达的目的地都是一样的，因而两说并不互斥对立。明乎此，“逝”的此例可以并入义项①“往，过去”之中。由于“过去”一词兼具动、名两种词性，可能会与其时间名词之义混同，产生歧解，我们可再将释文调整为“前往；经过”。

远 yuǎn ⑦扩大；扩展。《汉书·韦贤传》：“四垂无事，斥地远境。”颜师古注：“斥，开也；远，广也。”（第七卷4127页）

按，颜师古为常用词“远”作注，可见其在句中的用法有特殊之处。“远”后带有名词宾语“境”，且与动词“斥”对举，无疑具有了动词词性。据文意，“远”可以视为形容词的使动用法，“远境”意即使边境扩展到远方。颜师古释为“广”，义项释文作“扩大；扩展”，都是对“远”这一临时用法的调整与变通。由于“远”的此义只在孤例中出现，立为义项则依据不足。不过应当承认，这个“远”理解起来确有一定的困难。鉴于此，可考虑在义项⑥“边远，远地”中，为“远”的使动用法设置“使达到远方”的又项。

遭 zāo ③际遇。唐柳宗元《钴鉧潭西小丘记》：“书于石，所以贺兹丘之遭也。”（第七卷4132页）

按，例中的“遭”作定中结构的中心语，充当动词“贺”的宾语，当属其动词义“遭遇，遇到”临时用作名词，指“遇到的机会”，亦即“际遇”。义项释文的解释无疑是正确的。但这毕竟是孤例中的临时用法，不宜将其设为义项。此条可并到“遭”的义项①“逢，遇到”中，或设为又项“际遇”。

遗 yí ⑩废止。《吕氏春秋·情欲》：“荆庄王好周游田猎，驰骋弋射，欢乐无遗。”高诱注：“遗，废。”（第七卷4141页）

按，专为一条例句设立义项，其依据是不足的。其次，高注的“废”是个多义词，细加推敲，编者将其理解为“废止”是存在偏差的。“废止”的对象一般是法令、制度，而非行为、活动。“废”在古代有“舍弃，丢弃”义。《尔雅·释诂下》：“废，舍也。”《庄子·让王》：“左手攫之则右手废。”陆德明释文引李云：“废，弃也。”《汉书·尹赏传》：“一坐软弱不胜任免，终身废弃，无有赦时。”高注的“废”正取其义。这条例句的意思是，楚庄王追求欢乐享受，应有尽有，没有他想舍弃的东西。综上，“遗”的此义项不能成立，当并入义项④“舍弃，遗弃”之中。

触 chù ⑨距离。唐刘禹锡《山南西道新修驿路》：“我之提封踞右扶风，触剑阁千一百里，自散关抵褒城，次舍十有五，牙门将贾黯董之。”（第七卷4190页）

按，例中的“触”作为动词，释作“距离”固然十分贴切，但不宜立为义项。因为“距离”不过是“触”的常义“接触”在特定组合中的临时用法。例中言“触剑阁千一百里”，意谓到剑阁有一千一百里远的路程，其实也就是“右扶风”与剑阁之间的距离。由此看来，“接触”与“距离”意义相反，实则含有对立统一的内在联系。总之，此条应并入义项③“接触”中，再将释文调整为“接触；接近”。

诏 zhāo ⑧言。《庄子·人间世》：“若唯无诏，王公必将乘人而斗其捷。”成玄英疏：“诏，言也。”（第七卷4218页）

按，成玄英以“言”训“诏”，属随文为释。而“言”的意义过于笼统，其范围要大于被释词，因而是不宜直接用作字典释文的，且将孤例中的“言”设为独立的义项，就更不可取了。细加考察，例中的“诏”并非指一般言语、言辞，而是特指告诫、劝谏之言。例句的意思是，假若没有告诫之言，那么王公（卫君）一定会借着你言辞中的漏洞，凭其巧辩来与你相斗。这个“诏”其实是其动词义“告诫”临时用作名词，充当宾语，应将其并入义项②“告诫；教导”之中。

诧 chà ④告诉。《庄子·达生》：“有孙休者，踵门而诧子扁庆子，曰：‘休居乡不见谓不修，临难不见谓不勇。’”成玄英疏：“诧，告也。”（第七卷4231页）

按，仅仅根据一条例句及其注释来设置义项，是不够审慎的。况且，编者对成疏的引用和理解还存在偏差。此例句的下文是：“然而田原不遇岁，事君不遇世，宾于乡里，逐于州部，则胡罪乎天哉？休恶遇此命也？”这段话是讲孙休见扁庆子后，为自己总不顺心得志而发出的感叹之言。成玄英此条疏注的全文是：“诧，告也，叹也。不能述道而怨迍邅，频来至门而叹也。”成疏中既使用了“叹”来解释“诧”字，结尾又有“至门而叹”之言，旨在提示孙休的“诧”是告言之中含有对现实不满的感叹，而其落脚点在“叹”，因而是惊叹、感叹的意思。此项应与“诧”的义项②“惊异”合并，调整为“惊异，惊叹”。

谐 xié ③商定；评议。《后汉书·宦者传·张让》：“当之官者，皆先至西园谐价，然后得去。”李贤注：“谐谓平论定其价也。”（第七卷4258页）

按，例中的“谐价”，意即商定官位的价格。盖其时卖官鬻爵，双方在讨价还价，都心甘情愿后，便可成交。这种行为被视为公平交易，故用一“谐”字表之。从词义的角度看，这个“谐”带上宾语“价”，系形容词活用作动词，含有友好、和谐地商定，或者是使价码合适、协调之意。例中的“谐”，可视为其义项①“和谐；协调”在句中的临时用法。这种用法不具概括性，用于他处难以讲通，故不能设为义项。

议 yì ⑦比拟。《吕氏春秋·论威》：“又况乎义兵，多者数万，少者数千，密其躅路，开敌之途，则士岂特与专诸议哉！”（第七卷4291页）

按，用“比拟”解释例中的“议”，大致讲得通。但是，作为义项，仅有此例则依据不足，且将其置于“议”的词义系统中考察，这样解释则与其他意义脱节，恐有缘词生训之病。若将例中的“议”视为其常义“议论，评议”在句中的临时用法，以“相提并论”或“同日而语”释之，似要合理一些。所谓

“与专诸议”，即将义兵与充当刺客的吴国勇士专诸放在一起考量评论。这段话的意思是，成千上万义兵的威力能量，要远远超过专诸这个孤胆英雄。实际上，进行“比拟”，就意味着要辨别、评论同类事物的高下异同。因此，此条当与“议”的义项③“评论是非”合并，再将释文调整为“评议，评论”。

辜 gū ⑤害。《后汉书·鲁恭传》：“都护陷没，士卒死者如积，迄今被其辜毒。”（第七卷 4301 页）

按，首先，为孤例设立义项，失之单薄；其次，单音节的“害”是个多义词，义域比较宽泛，用作释文则其义难确定。例中的“被其辜毒”，意即遭受其祸害、危害。“辜毒”同义连文，共表祸害、危害的意思。既然如此，这一义项不必设立，用“辜”的义项④“灾难，祸害”便可以将其涵括。

青 qīng ⑨春的代称。南朝梁江淹《别赋》：“镜朱尘之照烂，袭青气之烟煴。”（第七卷 4311 页）

按，以“青”指代春天，应属于文中的修辞义。作者行文不用“春”而选择“青”字，大概是为了追求形式上的严整——以“青”对“朱”，两者均为颜色词，正好构成工对；且从字面上看，“青气”就是青色之气，又显得色彩鲜明。不过，以“青”代称春天，毕竟是孤例中的临时用法，不宜单立为义项，可将其并入“青”的义项②“深绿色”中。

靖 jìng ⑨立。《文选·张衡〈思玄赋〉》：“既防溢而靖志兮，迨我暇以翱翔。”李善注引《字林》：“靖，立也。”（第七卷 4312 页）

按，“立”有多义，李善释为“立”，其义不便确定；而义项的释文照录，未作调整，显然不够妥当；加之这只是孤例中的临时用法，设为义项更不可取；再者，“靖志”与“防溢”对举，结构相同。“防溢”，即抑制满溢浮躁的心态；“靖志”，就是使自己的心志确立下来。显然，这个“靖”用作使动，释作“立”字，应视为其常义“安定”的临时用法。因此，此条当并入义项②“安定”之中。

雨 yù ④润泽。《说苑·贵德》：“吾不能以春风风人，吾不能以夏雨雨人。”（第七卷 4322 页）

⑤灌溉。唐孟郊《终南山下作》：“山村不假阴，流水自雨田。”唐鲍容《答客》：“劳问圃人终岁事，桔槔声里雨春畦。”（同上）

按，以上“雨”的这两条义项释文都是动词性的。编者按照雨水的不同功能、作用分别为“雨”设置了“润泽”和“灌溉”两个联系密切的义项。这样随文为释得出的结果，显得过于具体、琐碎，因而失去了概括性。既然“雨”

都有表示雨水施及民众和社会而产生效用的意思，将两项合并为“润泽；灌溉”，岂不是既概括又恰当？

阡 qiān　② 道路。《增韵·先韵》：“阡，路也。”宋陆游《花时遍游诸家园十首》之一：“看花南陌复东阡，晓露初干日正妍。”（第七卷 4427 页）

按，“阡”的义项①为“田间南北向小路。又泛指田间小路”。此项已经作了较好的概括，而这里再设“道路”义项，就与之重合交叉，显得多余了。编者这样处理，可能是不忍割舍《增韵》中的故训释义。其实，《增韵》不过是以浑言的方式，取同义词笼统释之：“路”为道路的总称，而“阡”只是道路中的一部分。显然，《增韵》的解释存在着以大（范围）释小（范围）之病。引例中的“东阡”，指园林中的道路，当属于田间小路之列。应将此条合并到义项①中。

防 fáng　⑥ 遮蔽。《楚辞·东方朔〈七谏·初放〉》：“上葳蕤而防露兮，下泠泠而来风。”王逸注：“防，蔽也。”（第七卷 4430 页）

按，例中，“防”的对象是露水，树木枝叶繁茂，正可遮蔽（挡）露水。王逸释“防”为“蔽”，是为得之。但是应当看到，释作“蔽”或者“遮蔽”，不过是“防”在该句中的临时义，为其设立义项是不妥的。“防”的义项④为“防备”，而在其下所引例证中，又有“阴以防雨”句。“防雨”的“防”同“防露”的“防”其实并无二致，不知何故要分而别之？因此，此条应与义项④合并，再将其调整为“防备；遮挡”。

隔 gé　③ 别离。晋左思《悼离赠妹二首》之二：“会日何短？隔日何长？仰瞻曜灵，爱此寸光。”（第七卷 4465 页）

按，这条义项显然是根据例句的上下文而推测出来的。如是，所谓归纳概括则无从说起。例中“隔”与“会”即“分别”和“相会”，而人与人的分别，意味着空间上的阻隔、隔开。“隔”的义项①是“障隔；阻塞”，其下的引例中有“誓不相隔卿”，意即发誓不会与你分手。两例中的“隔”意义接近，将其分别处理是不妥当的。因此，将此条撤销，并入义项①中，就比较合宜了。

飏 yáng　⑨ 赞扬；称颂。宋罗泌《路史后记·疏仡纪》：“作《大化》、《大训》、《六府》、《九原》之章，以飏禹功。”（第八卷 4781 页）

按，就所引之例而言，“飏”释作“赞扬；称颂”是讲得通的，然这只是据孤例推出来的，设立义项则未必符合要求。进一步分析，所谓“飏禹功”，就是广为宣扬大禹的功勋，让众多的人知晓。“飏”的义项⑦为“显扬”，若将此例与之合并，再将释文调整为“显扬，宣扬”，义项就会简明扼要一些。

驾 jià ③驾兵车，意谓兴兵。《左传·襄公九年》：“三驾而楚不能争。”杜预注：“三驾，三兴师。”（第八卷4843页）

按，义项释文无疑受了杜预“三兴师”之言的影响。所谓“三兴师”，是杜预用以说明“三驾”的目的，并非在解释“驾”的词义。释文中的“意谓兴兵”之言，正是说明“兴兵（兴师）”只是在特定的上下文里才有的句中义，而并非其固定义。按义项的概括性要求看，例中的“驾”义应当归属其义项①“把车套在马身上”之中，即驾车。虽然这里的驾车是为了兴兵打仗，然驾车的目的多样，驾车的方式各别，所驾之车也有不同的类型，倘若义项都要为之细加区分，则将不胜繁复，难有概括性可言。

惊 jīng ⑥快速。唐韦应物《郡斋感秋寄诸弟》：“方如昨日别，忽觉徂岁惊。”（第八卷4873页）

按，“惊”的“快速”义，显然是根据这句诗推测出来的。取孤例的随文释义设立义项，则依据不足。又，“快速”是形容词，依照诗句的对仗要求看，“惊”所处的位置应是谓语部分。诗例的内容，是作者感叹与诸弟离别后时光过得太快。然而，“快速”与“惊”意义毕竟相去太远；且时光快逝乃是引起诗人“惊”的原因，并非“惊”这个词自身产生的意义，故“快速”只宜看作是诗句所蕴含的言外之意。这个“惊”实为让人心惊的意思。这句诗的意思是：忽然觉得流年的迅速令我心惊。此例当归入“惊”的义项④“惊动；震动”之中。

骄 jiāo ⑩士卒不整肃。《国语·周语中》：“师轻而骄，轻则寡谋，骄则无礼。”韦昭注：“骄谓士卒不肃也。”（第八卷4875页）

按，韦昭的注释为了讲清“骄”在语境中临时具有的特定意思，连同行为的主体“士卒”也带了进来。作为疏通文义的注释，这样随文说解无可厚非，然字典义项的释文将其照搬，就不符合概括性要求了。《汉书·五行志上》：“传曰：‘貌之不恭，是谓不肃。’”可见，“不肃”侧重于外貌举止，指外表不严肃、不恭敬。此例的“骄则无礼”句，正可印证之。“骄”的义项⑤为“傲慢；骄矜”，“傲慢”与“骄矜”就是不严肃、不恭敬的具体表现形式。因此，这条义项不必设立，并入义项⑤中即可。

二、《汉语大字典》释义的准确性琐议

准确性是语文辞典释义的基本要求和核心要素，也是编者不断追求的理想目标。辞典释义有广狭之分：狭义的释义，指释义的文字，是编者对词义解说所下的断语。本章主要讨论狭义的释义。前贤时修对辞典释义的准确性有过深入的研究探讨，提出了许多参考标准和具体要求。比如，释义要符合词语意义和用法的实际，没有误差；对于历时性的大型辞典来说，还要正确地反映词义的历史性特征；释义用语要简明、通俗，使用规范的现代书面语；释义要严格控制在词的语言意义范围内，排除附加的、临时的因素；义项释文能涵括引用材料中的字词义，两者语义对应，词性一致，没有冲突、抵牾等。这些标准，给现代辞典的释义工作提供了较为合理、便于操作的依据。依此标准，《汉语大字典》在编纂中采用了科学的释义方法，在释义方面取得的成绩是毋庸置疑的。但是，按照“典常”的标准衡量，仍然存在一些不足和值得关注讨论的地方。本章将汇集与上述释义的要求不合的若干义项条目，按照它们在《汉语大字典》（修订版）中出现的先后次序，逐条进行分析讨论。

之 zhī ⑧副词。1. 已经。裴学海《古书虚字集释》卷九：“之，犹已也。”《左传·定公九年》：“曩者之难，今又难焉。”《孟子·万章上》：“丹朱之不肖，舜之子亦不肖。”《国语·晋语八》：“八年之谓多矣，何以能久！”……（第一卷49页）

按，“之”字何以能作副词“已经”？这是《汉语大字典》参照了裴学海用随文释义的训诂之法，根据上下文意推演而得出来的。表面看来，如此为释，文意甚惬。原因在于“之”字所处的前一分句是对已有事实或事理的叙述或认定，因而句中隐含着“已经”之义。但是，此义并不是“之”字所具有的。所引几条例证中的“之”，均是结构助词，用在并列复句前一分句的主谓之间，表示语意未尽。同时，在结构上亦起着平衡对称的作用。第三例“之谓”连用，是比较固定的格式。进一步分析，“之”仍源自主谓间的助词。总之，裴学海之说不可取，“之”的副词用法难以成立。

乃 nǎi ①是；就是。清王引之《经传释词》卷六：“乃，犹是也。”《左传·宣公四年》：“是乃狼也，其可畜乎?”《史记·高祖本纪》：“吕公女乃吕后也。”……（第一卷56页）

按，《汉语大字典》的编写体例是：名词、动词、形容词不标明词性。数词、量词、代词、副词及其他虚词标明词性。（见《汉语大字典》之“凡例”）这条下未标词性，看来编者是误将“乃”视为判断动词。“乃”在这里实作副词。副词“乃”置于判断句的名词谓语前，起加强肯定的作用，是古汉语的通例。“乃”字从古至今，始终没有发展成为判断动词，这是汉语语法史上不争的事实。应将此条置于其后的义项⑦“副词”之中。

匹 pǐ ⑥一；单独。……《公羊传·僖公三十三年》：“晋人与姜戎要之殽而击之，匹马只轮无反者。”何休注：“匹马，一马也。”（第一卷94页）

按，此条之误有二：一是将数词“一”与副词“单独”合在一个义项中，不伦，且未按其体例标注词性；二是对何休注文理解有误。何休以“一马”释“匹马”，并不意味着“一”等于“匹”。何休将数词直接置于名词之前，是他采用了上古汉语的数量表达方式。“一马”犹言“一匹马”，因而“匹马”的“匹”是量词而非他类词。上古汉语中，量词前的数词“一”常省略，“匹马”即其例。此类用例甚多，如《论语·子罕》：“三军可夺帅也，匹夫不可夺志也。”《国语·越语上》：“吾不欲匹夫之勇也，欲其旅进旅退也。”“匹夫”即一个男人。“匹”本为称物之量词，用于人则含有微不足道的意味。《墨子·鲁问》：“一妇人之织，分诸天下，不能人得尺布。”《孟子·公孙丑上》：“尺地莫非其有也，一民莫非其臣也。”《孟子·告子上》：“无尺寸之肤不爱焉，则无尺寸之肤不养也。”以上“尺布”即一尺布，“尺地”即一尺地，“尺寸”即一尺一寸。《庄子·逍遥游》：“覆杯水于坳堂之上，则芥为之舟。”“杯水”即一杯水。《仪礼·觐礼》：“奉束帛，匹马卓上，九马随之。”《战国策·秦策一》：“不费斗粮，未烦一兵，未战一士，未绝一弦，未折一矢，诸侯相亲，贤于兄弟。”“斗粮”即一斗粮，此处盖因对称而省“一”字。《史记·项羽本纪》：“臣死且不避，卮酒安足辞!”“卮酒”即一卮酒。综上，数词“一”省略，有言其少、微的意味，也与追求行文的对称平衡有关。这种用法至今仍存在。

匿 nì ①逃亡。《说文·匚部》：“匿，亡也。”《逸周书·五权》：“地庶则荒，荒则聂。人庶则匮，匮则匿。”（第一卷100页）

按，这条义项下仅有一条书证，何以证明义项的合理性？这或与义项设置不当有关。《尔雅·释诂下》:“隐、匿……微也。”郭璞注:“微,谓逃藏也。”《说文》:“亡,逃也。从入、从乚。”段玉裁注:“会意,谓入于迟曲隐蔽之处也。”这说明,“匿”和“亡”并非指一般的逃亡,还含有逃走隐藏起来的意思。《汉语大字典》宜将义项①与义项③“隐藏,躲避”合并,调整为“逃藏,隐藏”,这一矛盾庶几能解决。这里再补充两条材料:《孟子·滕文公上》:“益烈山泽而焚之,禽兽逃匿。”《史记·留侯世家》:“(张)良乃更名姓,亡匿下邳。”《新唐书·列女传·郑义宗妻卢》:“夜有盗持兵劫其家,人皆匿窜,惟姑不能去。卢冒刃立姑侧,为贼捽捶几死。”“匿窜”即躲藏逃窜。

占 zhān ⑦照顾;问候。《后汉书·楚王英传》:“英至丹阳,自杀……以诸侯礼葬于泾。遣中黄门占护其妻子。”李贤注:“占护,犹守护也。”朱骏声《说文通训定声·谦部》:“犹候问也。”(第一卷106页)

按,此条释文欠妥:将李贤的释文“守护”置于此,究其原因,可能是编者为了保留李贤、朱骏声两家之说,于是采取折中、调和的办法,勉强凑成这样概括失度的释文。查《后汉书》,楚王英系光武帝之子,因有人告发其“大逆不道”,被光武帝废黜,徙丹阳,后自杀。楚王英死后,光武帝表面上令人“以诸侯礼葬于泾”,实则深藏戒惧之心。因此,他“遣中黄门(宫中太监)占护其妻子”,绝非善意的照顾、关怀,而是派他们去监视、监守。由此而论,朱骏声的解释未达其旨,李贤之注则庶几近之。“护”在古代有“监护,监视”义。《汉书·李广传》:“有白马将出护兵。”颜师古注:“护谓监视之。”古书中此类例多,不烦赘举。可见,《后汉书》中的“占护”实为同义连文。处理的办法是将该例调至义项②“窥察”之下。

介 jiè ⑰次。《左传·昭公四年》:“介卿以葬,不亦左乎?”杜预注:“介,次也。”(第一卷135页)

按,杜预以单音节的多义字“次”释“介”,难以确定究竟用其何义。这段引文的前后文字如下:“公使杜洩葬叔孙。竖牛赂叔仲昭子与南遗,使恶杜洩于季孙而去之。杜洩将以路葬,且尽卿礼。南遗谓季孙曰:‘叔孙未乘路,葬焉用之?且冢卿无路,介卿以葬,不亦左乎?’季孙曰:‘然。’使杜洩舍路。”“公”即晋侯。叔孙氏死后,晋侯派叔孙氏的家臣杜洩去安葬。杜洩准备用辂(路)车随葬。竖牛则挑唆南遗向季孙进谗言,说叔孙生前都没乘坐过辂车。按照礼制,正卿都无资格用辂车,叔孙只是副卿,就更不能用辂车随葬了。“冢卿”即上卿、正卿;“介卿”则是副卿、次卿。杜注的“次”,当指次一等,即副职、副手。“介”的义项⑧为“宾方的辅助人员；副手”。由此可见，此例当并入义项⑧之中。

依 yī ⑥助。《玉篇·人部》：“依，助也。”《汉书·礼乐志》：“声依咏，律和声。”颜师古注：“依，助也。五声所以助歌也。”（第一卷187页）

按，颜师古之注，“依”即帮助、辅助。《尚书·尧典》：“诗言志，歌永言，声依永，律和声。”“永”通“咏”。孔颖达疏：“‘声依永’者，谓五声依附长言而为之。其声未和，乃用此律吕调和其五声，使应于节奏也。”《史记·五帝本纪》：“诗言意，歌长言，声依永，律和声。”裴骃集解引郑玄曰：“声之曲折又依长言，声中律乃为和也。”张守节正义引孔安国曰：“声谓五声，宫、商、角、徵、羽也。律谓六律六吕，十二月之音气，言当依声律和乐也。”据以上两条材料及注释看，“依”应是依附、依随的意思。所谓“声依永”，就是五声之高低抑扬要依随歌咏而变化。颜注不可取。此例可置于义项③“遵循；按照”之下。这样，此条仅有《玉篇》的释文，其能否成立，当另加考证。

侮 rǔ ①欺凌；欺侮。《说文·人部》：“侮，傷也。”……（第一卷198页）

按，这里我们有必要详解“傷（伤）”字。徐锴《说文系传》：“臣锴曰：‘侮，慢易字也。’”玄应《一切经音义》引《说文》：“侮，𠏉也”。《广雅·释诂三》：“侮，𠏉也。”据此，《说文》“侮”下不当释作“傷”。段玉裁在《说文》注中，径改“傷”为“𠏉”，并指出：“𠏉名本作傷，今正。锴曰：‘𠏉，慢易字也。’锴作注时未误也。”钮树玉、朱骏声、桂馥、王筠诸家，均以“傷”为“𠏉”。“傷”字盖后人传抄致误，《汉语大字典》不宜沿用。即令“傷”字不误，收在“欺凌；欺侮”义下也欠安。《说文》：“傷，创也。”本指创伤、伤口。《礼记·月令》：“命理瞻伤，察创视折。”郑玄注：“创之浅者曰伤。”引申为“伤害；损伤”，其义亦与“欺凌；欺侮”有别。

信 xìn ⑫保佑；保护。《战国策·秦策二》：“而三人疑之，则慈母不能信也。”高诱注：“信，犹保也。”《汉书·五行志上》：“今宫室崇侈，民力凋尽，怨讟者并兴，莫信其性。”颜师古注：“信，犹保也；性，生也。”（第一卷201页）

按，例一的“信”及高诱的注释与释义并不相合。原文是：“昔者曾子处费，费人有与曾子同名族者而杀人。人告曾子之母：‘曾参杀人。’曾子之母曰：‘吾子不杀人！’织自若。有顷，人又曰：‘曾参杀人！’其母尚织自若也。顷之，一人又告之，曰：‘曾参杀人！’其母惧，投杼逾墙而走。夫以曾参之贤与母之信也，而三人疑之，则慈母不能信也。”这是甘茂对秦武王讲的一番话。甘茂旨在说明，假话多次重复，就会蛊惑人心，使人相信。“慈母不能信”是指曾母不能守持对儿子不会杀人的既定看法，而不是她保佑儿子不去杀人。《史记·甘茂列传》作“三人疑之，其母惧焉”。《说苑·杂事二》作“然三人疑之，其母惧焉”。曾母的既定看法一经动摇，当然就感到恐惧了。因此，这个“信”是保持、守住，高注的“保”正取其义，释作“保佑；保护”是不妥当的。此例宜去之。

偎 wēi ① 隐；不明晰。《广韵·灰韵》：“偎，爱也。”《字林考逸·人部》：“偎，仿佛貌，不审也。”《山海经·海内经》：“东海之内，北海之隅有国名曰朝鲜、天毒。其人水居，偎人爱人。”郭璞注：“偎，亦爱也。”《列子·黄帝》：“不偎不爱，仙圣为之臣。”殷敬顺释文：“偎，爱也。不偎不爱，谓或隐或见。”（第一卷229页）

按，以上两条例证及注文均不能很好地证明义项的释义。例一中，郭璞以单音词“爱”释“偎”，而“爱”有多个常义，不知郭注取“爱”的何义？从“偎人爱人”看，“偎”和“爱”都带有宾语“人”，是及物动词，均可以“亲近，怜爱”释之。袁珂先生《山海经校译》译作：“人们都傍水而居，对人怜悯慈爱。”甚是。例二引殷敬顺的释文，叫人难以捉摸。倘若“偎”和“爱”都是“隐；不明晰”之义，那么，它们前面加了否定副词“不”字，不就是指清晰可见了吗？殷注以“或隐或见”释“不偎不爱”，是否是用“或”字表示否定呢？然而我们尚未找到“或”具有这种用法的证据。细绎文意，益觉不能与之苟同。兹不烦援引这段文字加以说明：“列姑射山在海河洲中，山上有神人焉，吸风饮露，不食五谷；心如渊泉，形如处女；不偎不爱，仙圣为之臣；不畏不怒，愿悫为之使；不施不惠，而物自足；不聚不敛，而已无愆。”张湛注：“偎亦爱也。刍狗万物，恩无所偏。”张湛之注可从。这是几个排比句，“不畏不怒”、“不施不惠”、“不聚不敛”均言“神人”品质、个性等方面的特征，若按殷注，显然与之不伦。“不偎不爱”犹言不亲近、不偏爱某个人，亦即张湛所言“恩无所偏”。因此，当为“隐”字另立“亲爱；亲近”的义项，将这两条例证置于其下。至于“偎”是否有“隐；不明晰”之义，此条虽引用了古辞书的解释，但因暂无合适例证，我们还不敢认同。

停 tíng ⑥ 均匀；平均。《水经注·江水》：“自非停午夜分，不见曦月。”……（第一卷232页）

按，此条下还有几条例证，与释文甚惬，不赘引评析。此例中的“停午”之“停”，不管按“均匀”还是“平均”解释，似乎都难以圆通。“停”字确有“平”义，盖由“平”字通假而得。《广韵》“停”字在定母耕部，“平”字在並母耕部，两字构成同韵部的通假关系。但是，“平”字身兼多义，“停”与“平”何义通假呢？盖与其“正，正当”义相通。因为古汉语中，“平”有此义，常置于表时间的名词之前，表示“正当某时”。例如，《荀子·哀公》：“君昧爽而栉冠，平明而听朝。”“平明”，即天正亮时。《孟子·告子上》：“其日夜之所息，平旦之气，其好恶与人相近也者几希。”“平旦”，即正当早晨。《战国策·赵策二》：“武灵王平昼闲居，肥义闲坐。”“平昼”，即正当白天。隋卢思道《驾出圜丘》诗：“平晓禁门开，隐隐乘舆出。”“平晓”，即正当拂晓。“停”通“平”，表“正，正当”之义在六朝隋唐文献中有例可证。晋陶渊明《拟古》诗：“装束既有日，已与家人辞。行行停出门，还坐更自思。”“停出门”，犹言正当出门时。《世说新语·品藻》：“有人问谢安石、王坦之优劣于桓公。桓公停欲言，中悔，曰：‘卿喜传人语，不能复语卿。’”“停欲言”，即正要说出。《三国志·蜀书·董允传》：“严驾已办，而郎中襄阳董恢诣允修敬。恢年少官微，见允停出，逡巡求去。”“停出”，正当出门。《晋书·庾亮传》：“臣等以九月十九日发开昌，以二十四日达夏口，辄简卒搜乘。停当上道，而所调借牛马来处皆远。百姓所蓄，谷草不充，并多羸瘠，难以涉路。”“停当”，同义连用，言正当上路之时。据上，“停午”，即正当中午。《汉语大字典》可立“‘停’通‘平’，表‘正，正当’，将“停午”之例置于其下。

利 lì ⑭通“赖（lài）”。凭借。《国语·晋语六》：“夫利君之富，富以聚党，利党以危君。”俞樾平议：“利，赖之假字。利、赖声近而义通。”（第一卷361页）

按，俞樾言“利”通“赖”，有滥用通假之嫌。“利”的常义有“利益”、“有利”等，有好处、利益等则可利用、依赖，由此而引申出“利用；依赖”之义来，何必言为通假？字典宜将这条义项调整为“利用；依赖”，把《国语》这条书证置于其下。为增加其可信程度，兹补上几条材料：《论语·里仁》：“仁者安仁，知者利仁。”“利仁”即利用仁。《左传·成公十三年》：“君亦不惠称盟，利吾有狄难，入我河县，焚我箕部，芟夷我农功，虔刘我边垂。”“利”亦为利用。《左传·宣公十二年》：“利人之几，而安人之乱，以为己荣，何以丰财？”“利人之几”，即利用人家的危机。《韩非子·外储说右上》：“夫明主畜臣亦然，令臣不得不利君之禄，不得无服上之名。”“利君之禄”，即依赖国君给予的俸禄。

力 lì ⑨劳动；劳力。《韩非子·五蠹》：“不事力而衣食谓之能。”明徐光启《农政全书·农本·诸家杂论下》：“农为治本，食乃民天。天畀所生，人食其力。力不失时，则食不困。”（第一卷398页）

按，将“劳动”与“劳力”组合在同条义项中，有勉强拼凑之瑕。且例二“人食其力”句，不管“食”的是“劳动”还是“劳力”，都是无法讲通的。这样处理，可能与编者忽略了“力”在古代的常义“劳动所得；劳动果实”有关。兹援例以明之。《左传·昭公三年》：“民参其力，二入于公，而衣食其一。”“参”，动词，即分成三份；“力”，即劳动所得；“参其力”，即“于其力”，将劳动所得分成三份。《国语·晋语四》：“公食贡，大夫食邑，士食田，庶人食力，工商食官。”“食”，享受，享用；“食力”，享用劳动所得。《庄子·秋水》：“事焉不借人，不多食乎力，不贱贪污。”“食乎力”，义同“食力”。《礼记·月令》：“凡在天下九州之民者，无不咸献其力，以供皇天上帝，社稷寝庙山林名川之祀。”郑玄注：“民非神之福不生，虽有其邦国采地，此赋要由民出。”可知，“力”指赋税之类，而赋税正是民众的劳动成果。贾谊《论积贮疏》：“使天下各食其力，末技游食之民转而缘南亩。”“食其力”，义同“食力”。今有“自食其力”，还保留这种用法。综上，这条义项应调整为“劳动”，例二的“力不失时”之“力”即其义，再另设“劳动所得”的义项，将例二的“人食其力”归于其下。

役 yì ⑪职位低微的官员。《字汇·彳部》：“役，官曰职，吏曰役。”……《文选·谢灵运〈邻里相送至方山〉》：“祇役出皇邑，相期憩瓯越。”李善注：“役，所莅之职也。”……（第二卷876页）

按，李善注“所莅之职”，指的是职位、职务，而非任职之人。李善解诗题曰：“沈约《宋书》曰：‘少帝出灵运为永嘉郡守。’”此诗盖为谢灵运赴任前，其乡邻送别至方山时所作。“出皇邑”指离开京都，前往永嘉。“祇”是副词，只，只是。“役”系名词用作动词，就任职位之义。至于《字汇》中“官曰职，吏曰役”之言，并非是对“官”和“吏”作词义训释，而是辨析“职”和“役”在职责上的身份差别。《文选·潘岳〈悼亡诗〉》：“黾勉恭朝命，回心反初役。”李善注：“役，谓所任也。王充《论衡》曰：‘充罢州役。’”此“役”即职位、职务。再从义项的概括性考虑，此条可与义项⑩“职分；职责”合并，调整为“职位；职分”。

废 fèi ⑪断绝。《字汇·广部》：“废，绝也。”《汉书·礼乐志二》：“含秀垂颖，续旧不废。”（第二卷970页）

按，为“废”设“断绝”义项欠妥。例中的“废”释为“中止”或“废止”，完全可通；所谓“续旧不废”，就是承续旧的东西而不废止。编者这样处理，可能是出于对《字汇》释义“绝也”的考虑。“绝”的古代常义为“断绝”，然“绝”在古书中还有“停止”之义。如《韩非子·解老》：“为人子孙者，体此道以守宗庙，宗庙不灭之谓祭祀不绝。”王先慎集解引顾广圻曰：“傅本及德经皆作辍。”“绝”的异文作“辍”，可证“不绝”，即不停止。《吕氏春秋·权勋》：“嗜酒甘而不能绝于口。”高诱注：“绝，止也。”《礼记·杂记下》：“当袒，大夫至，虽当踊，绝踊而拜之。”孔颖达疏：“绝踊而拜之者，主人则绝止踊而拜此大夫也。”“绝踊”，停止跳跃。总之，应将引例中的“废”置于义项⑥“停止；中止”之中。作为大型字典，出于存古的需要，保留古代字书韵书中的特殊释义是必要的，但不宜拼凑例证，强设义项。

已 yǐ ⑥一定，必然。《汉书·灌夫传》：“夫不好文章，喜任侠，已然诺。”颜师古注：“已，必也。谓一言许人，必信之也。”（第二卷1074页）

按，《史记·魏其武安侯列传》作“好任侠，已然诺”。如字典例中所示，“已然诺”与“喜（好）任侠”对举，“已”是谓语动词，而“然诺”同义连文，是名词，指应允承诺之言，充当“已”的宾语。此条释文作“一定，必然”，“已”则为副词或形容词，显然与例中词性不合。原因在于，编者对颜注的理解有误。“必”在古代有动词用法。《汉书·匈奴传下》：“又况单于，能必其众不犯约哉！”东汉马融《围棋赋》：“深念远虑兮，胜乃可必。”两个“必”都是“肯定，保证”的意思，颜注正取其义。例中的“已”作为动词，义为“兑现”，是义项②“完成；完毕”的临时用法义，应将此条并入义项②中。

子 zǐ ①古代指儿、女；现在专指儿子。《玉篇·子部》：“子，儿也。”《广韵·止韵》：“子，子息。”……《仪礼·丧服》：“故子生三月则父名之。”郑玄注：“凡言子者，可以兼男女。”……（第二卷1078页）

按，此条释义不够准确。诚然，古代的“子”可以“兼男女”，但不能绝对化。其一，“子”在古代既可特指儿子，也可特指女儿。如《战国策·赵策四》：“丈夫亦爱怜其少子乎？”此“子”指儿子。《论语·先进》：“南容三复白圭，孔子以其兄之子妻之。”此“子”指女儿。《汉语大字典》当像别的字典一样，注明词条的特指用法。其二，在上古时期，有时“子”、“女”会连用，既非复词偏义，亦非大名冠小名，而是平行地指儿子和女儿。如《墨子·天志下》：“此为逾人之墙垣，格人之子女者，与角人府库，窃人金玉蚤累者，数千万矣!”《谷梁传·僖公三十三年》：“徒乱人子女之教，无男女之别。”《史记·秦始皇本纪》：“（项籍）遂屠咸阳，烧其宫室，虏其子女，收其珠玉货财，诸侯共分之。”还有将“子”与“女”对举者。《后汉书·贾彪传》：“贾彪为新息长，人养子者佥曰贾父所生，男曰贾子，女曰贾女。”这些材料说明，将“子”的此义于古代、现代之中截然对立起来，是不符合语言事实的。

⑭ 代词。表示第二人称，相当于“你”或“您”。《韩非子·难势》：“以子之矛攻子之楯何如?”……（第二卷 1079 页）

按，“子”不用作代词。上古汉语第二人称代词没有尊称，往往借“子”、“君”、“公”等词来表示。这些词虽然可以释作“您”，但它们本身是名词而不是代词。《汉语大字典》中“君”、“公”均未标为代词，何以对“子”作如此处理?“子”非代词而是名词，有两个显著的语法特征。一是它不受否定句中代词宾语一般前置这条规律的制约。如《论语·宪问》：“子曰：‘莫我知也夫!’子贡曰：‘何为其莫知子也?’”这里代词“我”前置，而“子”并未前置。二是“子”前面可以加上定语。如《左传·成公二年》：“病未及死，吾子勉之!”《孟子·公孙丑上》：“或问乎曾西曰：‘吾与子路孰贤?’”而在古代汉语里，代词前面是不能加定语的。

历 lì ⑧ 遇，遭逢。《广韵·锡韵》：“历，过也。”《楚辞·离骚》：“惟兹佩之可贵兮，委厥美而历兹。”王逸注：“历，逢也。”（第三卷 1549 页）

按，《广韵》里的“过”作为书证，似乎不能印证义项释文的“遇，遭逢”。再看例句：“委厥美而历兹”的“兹”是代词，“兹”若指时间，就是指现在，则“历”应为“到达”；若指现状，“历”可按“遭逢，遭遇”理解，但前提是在句子中间转换主语。“委厥美”的主语是他人，而“历兹”的主语则是琼佩。句意为人们抛弃琼佩的美质，到了这种地步。然在《离骚》中，与此同类的句式一般都是一个主语，且不在句中转换主语。由此可见，按前一种解释较有说服力，但孤例不足以独立成项，因而可以考虑归并到义项①“经历；经过”之中。

效 xiào ④ 授还。《左传·昭公二十六年》：“宣王有志，而后效官。”杜预注：“效，授也。”（第三卷 1561 页）

按，“授还”作为义项释文，义不通俗浅明，不可取，此其一。其二，对于例中的“效”字，唐孔颖达疏：“效者，致与之义。”“致与”就是授予，而“效官”就是授予官职。如是，义项释文“授还”与之还不够协适。其三，此条仅有此一例，故为“效”建立义项的依据不足。请看以下几条材料。《庄子·逍遥游》：“故夫知（智）效一官，行比一乡，德合一君，而征一国者，其自视也，亦若此矣。”“知效一官”即凭其才智可以授予一官半职。《晋书·阮籍嵇康等传论》：“通其旁径，必凋风俗；召以效官，居然尸素。”《文选·陆机〈演连珠〉之二》：“故明主程才以效业，贞臣底力而辞丰。”刘孝标注：“故主则程其才而授官，臣则辞其丰而致力。”“效业”意即给予事业（功业），隐含有授予官职的意思。综合上述材料，义项释文宜调整为“给予；授予”。

泗 sì ④鼻涕。一说通“洟”。《玉篇·水部》：“泗，涕泗也。”……唐李朝威《柳毅传》：“悲泗淋漓，诚怛人心。”……（第三卷 1701 页）

按，悲伤的表征主要是眼泪，鼻涕不过是眼泪的伴随物，故古人言悲往往“涕”、“泗”连用，如“涕泗纵横”、“涕泗滂沱”、“涕泗交加”等。因此，若将“悲泗”释为“悲伤的鼻涕”则悖于常理。引例中的“泗”当指眼泪。《世说新语·言语》：“温忠慨深烈，言与泗俱，丞相亦与之对泣。”由“亦与之对泣”可知，“泗”确指眼泪。《宋书·后妃传》：“洒零玉墀，雨泗丹掖，抚存悼亡，感今怀昔。”“雨泗”犹言落泪、洒泪。“泗”本指鼻涕，由于“涕泗”经常连用，“泗”受“涕”的渗透影响，也有了“眼泪”义。《汉语大字典》似可另立“眼泪”义项，将“悲泗淋漓”之例置于其下。

減 jiǎn ⑧消灭。《左传·文公十七年》：“寡君即位三年，召蔡侯而与之事君。九月蔡侯入于敝邑以行，敝邑以侯宣多之难，寡君是以不得与齐侯偕。十一月，克減侯宣多，而随蔡侯以朝于执事。”王引之述闻：“減谓灭绝也。”（第三卷 1791 页）

按，此条取王引之的解释建项恐不可信。“減”（今作“减”）与“灭绝”义是什么关系？原来，王引之《经义述闻·春秋左传上》认为，“減”通“咸”，而“咸”有“灭绝”义。此说有滥用通假义之嫌。愚谓例中的“減”，即除掉，此义从其“减少，消减”之义引申而来，十分正常，不必以“通‘咸’”解之。上古汉语中，“減”的“除掉，免除”义用例甚多。例如：《韩非子·难一》：“主父一用李兑，減食而死。”“減食”即免食，断绝其食物。《汉书·刑法志》：“年未满七岁，贼斗杀人及犯殊死者，上请廷尉以闻，得減死。”《汉书·陈万年传》：“減死，髡为城旦。”《风俗通义·正失》：“劾向大辟，系须冬狱，兄城阳侯乞入国半，故得减死。”《汉纪·高祖纪四》：“（赵王）无藩国之义，减死可也，侯之过欤！”以上“减死”均指免除死刑。《论衡·治期》：“人君受以自责，愁神苦思，撼动形体，而危乱之变终不减除。”“减除”同义连用，表“免除”之义。总之，“消灭”义项不当立，应设“除掉，免除”义项，将《左传》这条书证置于之下。

断 duàn ②治，治理。《淮南子·说林》：“是而行之，故谓之断；非而行之，必谓之乱。”高诱注：“断，犹治也。”章炳麟《秦政记》：“秦皇负扆以断天下。”（第四卷2175页）

按，义项释文是动词，而《淮南子》之例的“断”未必如此。例中列举的“是而行之”与“非而行之”是两种相反的做法，推之其结果也理应相反：“断”必是“乱”的对立面，而“乱”无疑是形容词，高诱注“断”为“治”，正是“乱”的反义词，是“治理得好”的意思，当为形容词而不是动词。《大戴礼记·虞戴德》：“居大则治。”王聘珍解诂：“治，不乱也。”《易·系辞下》“君子安而不忘危，存而不忘亡，治而不忘乱”是其证。至于《秦政记》之例，可以纳入义项①“裁决；决定”之中，“断天下”就是裁断天下大事。这一义项无例支撑，可考虑删去。

胥 xū ⑥副词。1.表示方式，相当于“互相”。《尔雅·释诂下》：“胥，相也。”《书·盘庚序》：“盘庚五迁，民咨胥怨。”孔传：“胥，相也。”又《大诰》：“惟大艰人，诞邻胥伐于厥室。”……（第四卷2213页）

按，释文“互相”是根据《尔雅》和孔传的“相”字设立的。然单音节的“相”，即使用作副词也具多义，是不是“互相”之义，还要据例证详加考察。例一“民咨胥怨”，孔传全文是：“胥，相也。民不欲徙，皆咨嗟忧愁，相与怨其上也。”孔颖达疏：“《释诂》云：‘胥，皆也。’‘相’亦是皆义，故通训‘胥’为‘相’也。”《史记·卷三·殷本纪》载盘庚迁都之事曰：“帝盘庚之时……乃五迁，无定处。殷民咨胥皆怨，不欲徙。”“胥皆”为同义连用。据上，“民咨胥怨”的“胥”是范围副词“一齐，全都”之义。此言老百姓全都抱怨盘庚，而并非他们之间互相抱怨。再看例二。“诞邻胥伐于厥室”句的大意是说，管叔勾结邻邦殷人一齐来进攻自己的宗室，显然不是他们之间互相进攻。“胥”作范围副词，本为《尚书》之通例。《尚书·盘庚上》：“古我先王，暨乃祖乃父，胥及逸勤，予敢动用非罚？”孔传：“言古之君臣，相与同劳逸。”又《尚书》：“保后胥戚，鲜以不浮于天时。”孔传：“民亦安君之政，相与忧行君令。”

又《尚书·盘庚中》："永敬大恤，无胥绝远！"孔传："无相与绝远弃废之。"以上的"胥"字，孔传均为"相与"。综上，《汉语大字典》所引《尚书》的两条书证，宜置于"胥"作副词的第二种用法"表示范围，相当于'皆、都'"之下。

膺 yīng ⑦抵挡，击。《诗·鲁颂·閟宫》："戎狄是膺，荆舒是惩。"毛传："膺，当也。"（第四卷2272页）

按，此条仅据孤例及毛传立项，不免单薄，且毛传的随文为训是否合宜，能否直接作为义项释文等，均需必要的材料来验证。例中的"戎狄是膺"是个宾语前置句，宾语"戎狄"前置，"膺"是谓语动词。清人马瑞辰《毛诗传笺通释》及赵岐对《孟子·滕文公上》中所引"戎狄是膺"的"膺"均释作"击也"。"击"即抗击、打击。揆之文意，这样解释似较毛传为长。且"击"与"抵挡"义有出入，组合在同条义项释文中欠妥。再看以下几条材料。《孟子·滕文公上》："周公方且膺之，子是之学，亦为不善变矣。""膺之"，打击他们，"之"指戎狄。《孟子·滕文公下》："无父无君，是周公所膺也。"赵岐注："是周公所欲伐击也。"此例中的"膺惩"，是打击、惩治的意思。李大钊《这一周》："五四纪念日，这是中国全国学生膺惩中国卖国贼的纪念日。"综合以上材料看，毛传释"膺"为"当"证据不足。这条释文宜调整为"打击，伐击"。

戾 lì ⑮怒。《论语·阳货》："古之矜也廉，今之矜也忿戾。"何晏集解引孔安国曰："恶理多怒。"（第四卷2421页）

按，孔安国注中的"恶理多怒"之言，没有说明是对"忿戾"二字的合释，还是单独训释"忿"或者"戾"字。邢昺疏："戾，恶理多怒。"即以"恶理多怒"训"戾"。刘宝楠《论语正义》的看法不同："（孔）注以'恶理'训'戾'，'多怒'训'忿'。《说文》：'戾，曲也。'《字林》：'戾，乖戾也。'乖戾则多违理，故注云恶理。"杨伯峻《论语译注》译为："现在自己矜持的人却只是一味恼羞成怒，无理取闹罢了。"杨伯峻先生与刘宝楠的意见一致，我们赞成此说。"忿"指发怒，"戾"义为"恶理"，即行为乖张，不讲道理。既然如此，此条不能成立，当合并到义项③"乖张；乖戾"之中。

惠 huì ⑥妩媚。《文选·江淹〈杂体诗三十首〉》之二十："青松挺秀萼，惠色出乔树。"张铣注："惠，媚。"（第四卷2473页）

按，仅凭孤例及古注，便将"惠"释义为"妩媚"并构成释文义项，未免太过单薄且令人不敢轻信。置于同类材料中考察，亦见设置"妩媚"义项的偏失和局限。《商君书·修权》:“故上多惠言而不克其赏,则下不用;数加严令而不致其刑,则民傲罪。”“惠言”,指好听的话。《文选·陆机〈日出东南隅行〉》:“惠心清且闲。”吕延济注:“惠,好也。”“惠心”犹言美好的心情。西晋潘岳《西征赋》:“越安陵而无讥,谅惠声之寂寞。”唐韦承庆《重上直言谏东宫启》:“惠声溢于远近,仁风翔于内外。”“惠声”,即美好的声誉。《文选·潘岳〈笙赋〉》:“壹何察惠。”吕向注:“惠,美也。”综上可知,“惠”不仅指比较具体的人或事物好看,也常指抽象的事物美好,令人欢喜。因此,这条释文宜调整为“好,美好”。

情 qíng ⑪ 真实;诚实。《淮南子·缪称》:“凡行戴情,虽过无怨,不戴其情,虽忠来恶。”高诱注:“情,诚也。”三国魏嵇康《与山巨源绝交书》:“欲降心顺俗,则诡故不情。”(第四卷 2476 页)

按,义项释文“真实;诚实”是形容词,而例中的“情”则是名词。《淮南子》这段话的上句是“情系于中,行形于外”,“情”与“行”,即行为对举,应为名词,是“感情,真情”的意思。例中的“戴情”,就是饱含真情之义。高注的“诚”并不是真诚、诚实,而是取其名词义“感情,真情”。“诚”在古籍中可作名词。《吕氏春秋·具备》:“慈母之爱谕焉,诚也。”《淮南子·缪称》引此句,以“诚”作“情”。这个“诚”即亲情。《汉书·礼乐志》:“正人足以副其诚。”“副其诚”即符合感情。再看“情”字。“情”在上古确有“真实,诚实,诚信”的意义。《左传·僖公二十八年》:“民之情伪,尽知之矣。”《经义述闻》王引之按:“情者,诚也。”杨伯峻注:“情,实也;情伪犹今言真伪。”《战国策·齐策四》:“是皆率民而出于孝情者也。”鲍彪注:“情,犹诚。”“孝情”,即孝顺、诚实。两例可补作这一义项的早期例证。至于《淮南子》此例,则宜归入义项①“感情;情绪”之下。

悬 xuán ⑦ 杜绝。《素问·病能论》:“故人不能悬其病也。”(第四卷 2535 页)

按,“悬”的此义比较冷僻,释文“杜绝”大概是根据孤例推出来的。参考相关语料,则不难看出其作为义项存在的问题。《素问·大奇论》:“悬去枣华而死。”王冰注:“悬谓如悬物,物动而绝去也。”张志聪集注:“悬,隔也。”此为隔断。《后汉书·皇甫规传》:“臣每惟(马)贤等拥众四年,未有成功,悬师之费且百亿计,出于平人,回于奸吏。”李贤注:“悬,犹停也。”此为“断绝,停止”。梁江淹《齐太祖高皇帝诔》:“理昧人诐,道悬世险。”胡之骥注:“悬,绝也。”此指“断绝，隔断”。根据以上材料，“杜绝”显然不能较好地解释“悬”的此义，应将其调整为“断绝；停止”。

申 shēn ⑥约束。《说文·申部》：“申，神也。七月阴气成，体自申束。”王筠句读：“申束者，揪敛之意，汉人相传之故训也。”按：《说文·手部》：“揪，束也。”《孟子·梁惠王上》：“谨庠序之教，申之以孝悌之义。”俞樾平议：“申乃约束之义……谓以孝悌约束之也。”《淮南子·道应》：“墨者有田鸠者，欲见秦惠王，约车申辕，留于青。”高诱注：“申，束也。”……（第五卷2704页）

按，此条问题有二。其一，释文中“约束”用了古义，不合现代辞书的释义要求。“约束”在古代作为动词，有“缠缚”和“限制”两个常义，而今义主要用于比较抽象的事物，指限制、管束，因而对于“约车申辕”就不适合了。此处的“申”是“缠缚；套好”之义，“申辕”，即缠缚好车辕。应为“申”另立“缠缚”义项。其二，对于《孟子》例中“申”字之义，编者弃东汉赵岐之注，而取清人俞樾之说，似不可取。赵岐注曰：“谨修教化，申重孝悌之义。”“申重（chóng）”两字同义连文，是“再三；反复强调”的意思。“申重”连用表达此义，古书并不鲜见。《荀子·富国》：“爵服庆赏以申重之。”杨倞注：“申亦重也。”《荀子·仲尼》：“端悫以守之，顿穷则从之，疾力以申重之。”杨倞注：“申重，犹再三也。”汉荀悦《申鉴·政体》：“故古之圣王，其于仁义也，申重而已。”再从文意看，此例是孟子谈如何搞好道德教化。“申之以孝悌之义”是他为梁惠王设计的教化方案，作为伦理道德的“孝悌”，其形成不是一蹴而就的，需要反复、再三进行。由此可见，赵岐的解释比较合理。又，义项⑤“重复；再”下有晋陆机《辩亡论》：“而加之以笃固，申之以节俭。”“申之以节俭”句式与《孟子》之例相同，不知为何要将其分别置于两义之下？《孟子》此例应归入义项⑤之中。

略 lüè ⑦大致；概要。《广雅·释言》：“略，要也。”《字汇·田部》：“略，大略，大约也。”《荀子·儒效》：“略法先王，而足乱世术。”杨倞注：“略，粗也。”……（第五卷2721页）

按，编者对杨倞的注文“粗”的理解存在偏失。《荀子》此例，“略”用在动词“法”前，应为副词，表程度之轻，是“稍微，略微”的意思。此句言“俗儒”们只要稍微效法先王就会搅乱治国之术。杨倞注文的“粗”，是取其“略微”之义。古代“粗”有“略”义。例如：《文选·司马相如〈难蜀父老〉》：“请为大夫粗陈其略。”李善注引韦昭曰：“粗，犹略也。”《资治通鉴·汉纪四》："陆生乃粗述存亡之征。"胡三省注："粗，略也。"总之，此例应置于义项⑧"副词。……2. 稍微；略微"之下。

盛 chéng ④整饬；端正。《左传·宣公二年》："（赵盾）盛服将朝。尚早，坐而假寐。"（第五卷 2744 页）

按，"盛"带上宾语"服"，就应当属于动词。这种用法还含有使动意味，例如，《礼记·中庸》："使天下之人齐明盛服，以承祭祀。"孔颖达疏："盛饰衣服，以承祭祀。"据孔疏，这个"盛"就是整理使之规整、端正的意思。既然"盛"是动词，则当音"shèng"，置于盛"（shèng）"字条之下。又，"盛"的此义在此条仅举一例，不足以明之。除了上引《礼记》例外，再补上一例，《史记·鲁仲连邹阳列传》："臣闻盛饰入朝者不以利污义，砥厉名号者不以欲伤行。""盛饰"，指整饬服饰与穿戴。

翰 hàn ④疾；快。《诗·大雅·常武》："王旅啴啴，如飞如翰。"孔颖达疏："翰，是飞之疾者。"（第六卷 3575 页）

按，这首诗的内容是赞颂周宣王征伐平服徐国之事，例中所引的两句主要描写军队行进迅速而勇猛。"王旅啴啴"，形容周王的军队众多而强盛。"如飞如翰"，毛传："疾如飞，挚如翰。"孔颖达疏在"翰，是飞之疾者"之后又云："若鹰鹯之类，挚击众鸟者也。"据此可知，例中的"翰"是指一种飞得迅疾的猛禽，它是名词而不是形容词。朱熹集传："如飞如翰，疾也。"朱熹在这里是将"如飞如翰"合起来释为"疾"，并未言"翰"为"疾"义。编者盖参考了朱熹的注而误解其意，将动宾结构"如翰"的意义视为"翰"的词义，失之。又，此条下仅有一例，因而这一义项是不能成立的。

茸 rǒng 推入。《汉书·司马迁传》："而仆又茸以蚕室，重为天下观笑。"颜师古注："茸，音人勇反。推也……谓推致蚕室之中也。"（第五卷 3411 页）

按，"茸"何以有"推入"之义？《汉语大字典》未予说明，今申言之。《说文》："搑，推捣也。"段玉裁注："《汉书》：'而仆又茸以蚕室。'师古曰：'茸音人勇反，推也，谓推致蚕室之中也。'如颜说，则'茸'者'搑'之假借字。"朱骏声《说文通训定声》亦谓"茸"假借为"搑"，其说无误。《汉语大字典》宜从之，注为"茸"通"搑"，以明其所以然。

貌 mào ⑤礼貌。《论语·乡党》："见冕者与瞽者，虽亵必以貌。"集解引周生烈曰："亵，谓数相见也。必当以貌礼之。"朱熹集注："貌，谓礼貌。"（第七卷 4169 页）

按，周生烈用“以貌礼之”解释“以貌”，补上了谓语动词“礼”和对象宾语“之”，给“貌”附加了“礼待，礼敬”的含义；朱熹则把“貌”直接解释为“礼貌”。从理解文意的角度看，两说在例中都讲得通，但都增加了随文发挥的内容。实际上，例中的“貌”仍是指人的外表、外貌，只是因为这段话是以肯定、赞许的语气叙述孔子的言行举止如何得体合宜、不失礼仪风度的，“貌”才在这带有倾向性的特定语境中，临时地有了特指“礼貌”，即得体的容色或姿态的含义。离开这一叙事环境，“礼貌”意味则不复存在。因此，为这条孤例设“礼貌”义项是欠妥的，此项应并入“貌”的义项③“容色，姿态”中。

谨 jǐn ⑤善良。《楚辞·九章·怀沙》：“重仁袭义兮，谨厚以为丰。”王逸注：“谨，善也。”（第七卷4274页）

按，“善”义比较宽泛，不少好的德行品质如友善、仁善、谨慎、忠厚等，都可纳入“善”的范围。王逸以“善”释“谨”，其义笼统含混，故不宜作参考。例中的“谨”即其常义“谨慎，慎重”。“谨厚”犹言谨慎、敦厚。补上两条“谨厚”连用之例以明之。《墨子·节用中》：“彼其爱民谨忠，利民谨厚，忠信相连。”《后汉书·赵孝传》：“贼见谭似谨厚，独令主爨，暮辄执缚。”结合“谨”的词义系统考察，此项不当立，应与其义项①“慎重；小心”合并，再将义项释文调整为“慎重，谨慎”。

杂 zá ⑨兼。《楚辞·离骚》：“杂申椒与菌桂兮，岂维纫夫蕙茝？”王逸注：“言禹汤文王虽有圣德，犹杂用众贤，以致于化，非独索蕙茝任一人也。”李周翰注：“杂，非一也。”（第七卷4418页）

按，例中的“申椒”与“菌桂”，不管是实指两种香草植物，还是喻指各类贤才，都是动词“杂”的支配对象，充当宾语。王逸训“杂”为“杂用”，可谓贴切到位。李周翰所注的“非一”，旨在补充提示“杂”所支配对象的特点，以使之带有形容词的意味。编者或许试图兼顾两家的解释，将“杂”的释文置换为不成词的多义语素“兼”，如此，反倒使其义不够清晰确定。不过，“杂用”，也只能算是“杂”在这一句中的用法义，还不足以为其设立义项。此项可考虑并入“杂”的义项④“参合；搭配”之中。

养 yǎng ⑨养护。《左传·成公十三年》：“敬在养神，笃在守业。”宋苏轼《上神宗皇帝书》：“善养生者，慎起居，节饮食。”（第八卷4738页）

按，“养护”或指保养维护，多用于物品方面，或指调养护理，用于身体、生活方面。由此看来，《左传》之例不宜置于其下。鬼神是古人崇拜、敬奉的对象，是其精神寄托，因而“养护”一词用在鬼神身上实属不当，甚至是大不敬的。《左传》之例的“养”当释为“供奉”，宜归并到“供养；奉养”义项之下。第二例“养生”的“养”虽可以“保养，养护”释之，但又与义项⑩“治疗；调养”之义重合，应当并入其中。由此看来，这条义项没有设立的必要。

齐 qí ⑨中，中央。《尔雅·释言》：“齐，中也。”《书·吕刑》：“天齐于民。”陆德明释文引马（融）云：“齐，中也。”（第八卷 5098 页）

按，根据释义规则，由几个词语组成的义项释文，其词性应当是单一的，不能兼类。此条中，“中”、“中央”组合，当是方位名词。然所引《尚书》中“天齐于民”的“齐”处在谓语的位置上，其后有介词结构“于民”作补语，是为动词无疑。马融释“齐”为“中”，并将其放到句中解释，是有问题的。不管他所释的“中”是名词，还是动词或者形容词，该句都难以讲通，遑论进一步的语法分析了。周秉钧先生解曰：“齐，整齐之也……言天整齐下民。”如此为释，文从字顺，且与“齐”的常义联系紧密。为此说再补上一例。《论语·为政》：“道之以政，齐之以刑。”皇侃疏：“齐，谓齐整之也。”总之，马融之注不可取，《尚书》此例不宜置于此条义项中。

三、《汉语大字典》引用书证疏略补苴

语文辞典的义项是从大量语料中归纳、提炼、概括出来的，需要实际用例来支撑、证明，因而有人将其喻为字典的血肉。对于历时性大型语文字典来说，书证本身就是辅助释义不可或缺的内容。它既是字（词）义、用法的生动体现，也为字（词）的使用提供了具体环境，成为验证释文正确与否的标志，以及衡量释文质量优劣的依据。《汉语大字典》在书证的典范性、可靠性和丰富性等方面做了很大的努力，得到学界的充分肯定和好评。然而由于种种因素影响，其在书证方面同样存在一些不足。随着汉语史研究的逐步拓展深入，文献语料的陆续发掘整理，《汉语大字典》书证方面的问题也引起人们越来越多的关注。本章拟针对书证与释文词性不合、书证与释文义不协适、书证引文字有疏误、缺例少例等问题做一些拾遗补阙的工作。文中所说的书证，包括文献典籍中的例证和历代辞书、古籍注疏材料，其中以文献典籍例证为主。一般只列需要商榷讨论的书证，余不计。

一、书证疏误欠当问题

书证作为释文的组成部分，是与释文互为补充、互相说明的。义例相合、协调一致是选用书证的基本要求。《汉语大字典》偶或存在书证欠妥、书证有误、引文失误等问题，直接影响了义项概括的合理性。例如：

乃 nǎi　③ 如；好像。清吴昌莹《经词衍释》卷六："乃，犹如也。"《礼记·祭义》："齐三日，乃见其所为齐者。"孔颖达疏："谓致齐思念其亲，精意纯熟，目想之，若见其所为齐之亲也。"《汉书·扬雄传下》："昔人之辞，乃玉乃金。"颜师古注："贞实美丽如金玉也。"（第一卷56页）

按，细绎之，所引两条例证中的"乃"均非"如；好像"的意思（规范写法"象"当作"像"）。"如"和"好像"是动词，而例中几个"乃"无疑都是副词。这样处理，可能受了孔疏颜注随文为释的影响。孔疏"若见其所为齐之亲"之言，是串讲句子大意，其中"若"字是为疏通文义而添上的，不能附会成对“乃”的解释。“乃”作为副词，是“于是，就”的意思；“乃见”，即“于是如同看见”。《汉书》中的“乃玉乃金”，可看作是名词“金”、“玉”受副词“乃”的影响，活用作动词。“乃玉乃金”犹言就如同玉石，就好像金子。颜注“美丽如金玉”，其大意不错，但并不意味着他认为“乃”有“如”义。这条义项的材料全从《经词衍释》搬来，延续了《经词衍释》之误。若以上述例句验之，该义项恐无设置的必要。

俱 jù ①共同；一起。《说文·人部》：“俱，偕也。”《庄子·天运》：“道可载而与之俱也。”……（第一卷214页）

按，例中“俱”的词性及意义与释文不合。“共同”为形容词、副词；“一起”为名词、副词。而“俱”前有介宾短语“与之”，为动词，是“在一起；同行”的意思。上古汉语中，“俱”常见作动词。《吕氏春秋·长攻》：“于是与蔡侯以飨礼入于息，因与俱，遂取息。”《吕氏春秋·荡兵》：“兵之所自来者上矣，与始有民俱至亶父。”《吕氏春秋·具备》：“将辞而行，请近吏二人于鲁君，与之俱。”《战国策·齐策一》：“靖郭君之交，大不善于宣王，辞而之薛，与齐貌辨俱留。”据此，应为“俱”另设义项“在一起；同行”，将《庄子》此例置于其下。

塞 sāi ⑫当；抵偿。……《汉书·终军传》：“献享之精交神，积和之气塞明。”颜师古注：“塞，荅也。”……（第一卷511页）

按，例句与义项释文不合。颜注释“塞”为“荅（答）”，“荅”非“当；抵偿”之义。“抵偿”是用一定财物作为赔偿或补偿。这段话是身为侍从的终军献给汉武帝的颂辞。其文为：“陛下盛日月之光，垂圣思于勒成，专神明之敬，奉燔瘗于郊宫，献享之精交神，积和之气塞明，而异兽来获，宜矣。”这些话旨在吹捧汉武帝敬重神明，得其佑助，故有擒获异兽的喜事。颜师古注：“塞，荅也。明者，明灵，亦谓神也。”“塞”的对象是神灵，“荅”应是酬答、回报的意思。《汉书·郊祀志》：“冬塞祷祠。”颜师古注：“塞，谓报其所祈也。”“报”和“荅”义同。编者误解了颜注。可将此例调至 sài 音④“酬神祭当作‘赛’”下。

专 zhuān ⑤主持。《淮南子·主术》：“群臣辐凑，莫敢专君。”高诱注：“专，制。”（第一卷550页）

按，此条例证中的“专”与释文不合。例句的上文是：“治国则不然。言事者必究于法，而为行者必治于官。上操其名，以责其实，臣守其业，以效其功，言不得过其实，行不得逾其法。”这是说，在治理有方的国家里，国君是按照法令和规矩来考察、管理群臣的。因此，“群臣辐凑（“凑”等同于“辏”），莫敢专君”，群臣会像辐条一样，守卫在国君身边，没人敢来挟制。高诱注“专”为“制”，即“挟制”、“控制”的意思。编者引为“主持”义的例证，则明显失察。此例宜置义项④“专擅；自行决定”之下。

奋 fèn ⑦勇。《韩非子·初见秦》：“夫一人奋死，可以当十。”（第一卷594页）

按，首先，引例有误。“可以当十”应为“可以对十”，下文是“十可以对百，百可以对千，千可以对万，万可以克天下矣”。清人王先慎《韩非子集解》，近人梁启雄《韩子浅解》均作“对”，当从之。其次，不宜为孤例中的“奋”设“勇”义项。揆之文意，“奋死”应是奋力作战直至死亡的意思。“奋”义即奋发，奋力。此例当置于义项③“振作；奋发”之下。

幅 fú ③界限；限度。《左传·襄公二十八年》：“夫民，生厚而用例，于是乎正德以幅之。”杜预注：“言厚德皆人之所欲，唯正德可以为之幅。”孔颖达疏：“言用正德以为边幅使有度也。”……（第二卷858页）

按，此例证与释文词性不合。释文是名词，而例中的“幅”后带上宾语“之”，则有了动词的语法功能。从杜注的“为之幅”到孔疏的“以为边幅使有度”，可以看出古代注家已经认识到“幅”在句中并非名词。“幅”作动词在古书中很少见，应视作是其名词义“宽度；限度”的活用。总之，若将此例置于这一义项中，需作必要的说明，否则会误导读者。

循 xún ④步行，《字汇·彳部》：“循，行也。”《战国策·赵策二》：“今重甲循兵，不可以逾险。”郭希汾注：“循，行也。言被重甲执兵而行，不可逾险，不若胡服之骑射便利。”（第二卷897页）

按，据《四部丛刊》影印元朝至正年间刊刻的鲍（彪）注吴（师道）校本，《战国策》的这段注文应出自元朝吴师道的补正，并非郭希汾。郭为近代学者，要远远晚于吴师道。郭注所不同者，只是将吴注“不可以逾险”改成“不可逾险”，少一“以”字而已。

婴 yīng ②系在颈上；戴。《墨子·兼爱下》：“披甲婴胄，将往战。”（第二卷1162页）

⑥加。……《三国志·魏志·武帝纪》南朝宋裴松之注引《魏书》：“太祖披甲婴胄，亲巡将士，明劝赏罚，众乃复奋。”（同上）

按，两条义项中的引例虽不是出自同一部文献，但据文意看，两个“披甲婴胄”的意义并无二致，其中“婴”的意思亦当相同。编者不知出于何种考虑，将其分置于不同义项中，实不可取。二者只能居其一。细绎之，“婴胄”指戴着头盔。因此，义项⑥下的此例宜去之。

效 xiào ⑤ 功；功效。如：有效；见效。……三国蜀诸葛亮《出师表》：“受命以来，夙夜忧叹，恐托付不效，以伤先帝之明。”……（第三卷 1561 页）

按，义项释文是名词，而引例中的“效”字前有副词“不”修饰，已经具有动词的意义和功能，是“奏效，产生功效”的意思。虽然例中“效”的这种用法或许是临时性的，但毕竟改变了原有的词性，因而与义项释文不相符合。按照《汉语大字典》对词语活用的处理原则，此例不宜直接置于这一义项中。

池 chí ⑦ 墓穴。《小尔雅·广名》：“埋柩谓之殔，殔坎谓之池。”《吕氏春秋·异用》：“周文王使人扫池，得死人之骸。”

按，“殔”即暂殡，指人死后把棺柩暂时埋在地下，待以后安葬。《广韵·至韵》引《释名》曰：“假葬于道曰殔。”《吕氏春秋·先识》：“威公薨，殔九月不得葬。”高诱注：“下棺置地中谓之殔。”据此例，“殔”的时间可长达九个月。“坎”，即坑，土坑；“殔坎”则应理解为暂置死人棺柩的土坑。由此看来，按《小尔雅》的解释，“池”并不是正式埋葬死人的墓穴。再据许维遹集释，《太平御览》卷八十四引“池”作“地”。若是，这条材料用作“墓穴”义的例证就更不恰当了。

沽 gǔ ① 卖酒者。《广韵·姥韵》：“沽，屠沽。”《新书·匈奴》：“大每一关，屠沽者、卖饭食者、美臛炙膹者，每物各一二百人，则胡人著于长城下矣。”……（第三卷 1694 页）

按，此条书证的选择不够严格。义项释文是名词，《广韵》将其解作“屠沽”，其词性并不十分清晰。引例中的“屠沽者”为名词性的“者”字结构，其组成部分“屠”和“沽”则为两个并列的动词，分别指屠宰和卖酒。例中“沽”的词性显然与释文不合，当去之。

湍 tuān ① 急流的水。《说文·水部》：“湍，疾濑也。”段玉裁注：“疾濑，濑之急者也。”《楚辞·九章·抽思》：“长濑湍流，溯江潭兮。”王逸注：“湍亦濑也。”（第三卷 1798 页）

按，此义项释文是名词性的，从《说文》及段注的解释看，“湍”也当是名词，而所引《楚辞》例中的“湍”的词性则与之不相合。“长濑湍流”是由两个偏正结构组成的并列短语。“长濑”指长长的流水，“长”是形容词，与之对应的“湍流”，即湍急的水流，其中，“湍”也应是形容词，“湍急”的意思。若按王逸的解释，“长濑湍流”则成了形容词“长”修饰三个名词的偏正短语，这是不合当时的词语组合通例的。编者取王注而未当。此例应置于“湍”的义项②“水势急”之下。

浆 jiāng ①古代一种酿制的微带酸味的饮料。……唐白居易《观刈麦》：“妇姑荷箪食，童稚携壶浆。”（第三卷1836页）

按，白居易的诗写的是农家之事。从常理来说，农民在炎热的五月收割麦子，“足蒸暑土气，背灼炎天光”，是够辛苦了。对于他们来说，最重要的是填饱肚子，有水可喝，饮料之类恐怕属难得的奢侈品。在没有充足证据的情况下，把例中的“浆”视为带酸味的饮料，不敢轻易置信。“浆”就是饮用的水，即茶水。这条义项下的材料已经不少，应将此例置于义项②“水”之下。

羸 léi ⑤卑下；劣。《淮南子·缪称》：“小子无谓我老而羸我。”高诱注：“羸，劣也。”又《诠言》：“两人相斗，一羸在侧，助一人则胜，救一人则免。”高诱注：“羸，劣人也。”清龚自珍《塾议》：“三代神圣，不忍薄才臣智士而豢驽羸，探世变也。”（第四卷2277页）

按，义项释文是形容词，然几条例证中的“羸”都无法予以证明。例一中的“羸”，高诱注为“劣”，似未达一间。“羸我”，“羸”后有代词宾语“我”，已有了动词功能，具言之，“羸我”即“认为我劣弱”的意思，于此，“羸”是意动用法。例二中的“羸”高诱注为“劣人”，即劣弱之人，是名词。例三中的“豢驽羸”，“驽”、“羸”两字充当了“豢”的宾语，分别指平庸无能者和才能低劣者。由此看来，这条义项需另寻例证，否则不能成立。

旅 lǚ ⑤俱，共同。《礼记·乐记》：“今夫古乐，进旅退旅。”郑玄注：“旅，犹俱也。俱进俱退，言其齐一也。”宋王安石《贺生皇子表三》：“以宿疴而自困，欲旅进以无阶。”……（第四卷2335页）

按，义项释文的“俱”是副词。“共同”在动词前为副词，用于名词前则为形容词。按照释文惯例，两词构成互补式释文后词性应当同一，则当取其副词用法。《礼记》例的“进旅退旅”，郑玄注为“俱进俱退”，是将其倒置过来训释的，从疏通大意的角度看，这样解释于文意并无滞碍。但郑玄以“俱”释“旅”，就不一定合理了。因为若按原句直译，其意应是“前进在一起，后退在一起”。比照例二的“旅进”，其语义差别自明。总之，《礼记》之例，不宜置于此项之下。《国语·越语上》："吾不欲匹夫之勇也，欲其旅进旅退也。"此例既与释文十分吻合，其年代又略早于《礼记》，用作例证，最为合适。

恕 shù ②宽恕；原谅。《战国策·赵策四》："窃自恕，而恐太后玉体之有所郄也，故愿望见太后。"……（第四卷2455页）

按，不少辞书都引此例作为这一义项的例证。然例中的"恕"用"宽恕；原谅"解释是与文章原意有出入的。"自恕"，即自我宽恕，自己原谅自己。再看原文。触龙是在赵太后"盛气"之时入宫进谏的，且又要劝说太后将疼爱的小儿送到齐国做人质，极富智慧的他十分清楚，其言辞稍有不慎，就难以达到目的。因此，他进宫首先便"自谢"——自我告罪，并解释因病足未能及时看望太后，倘若接着转为自我宽恕，岂不前后矛盾？如一厢情愿地自我宽恕原谅，对方会接受吗？触龙在这里急欲表达的是，由于自己年老生了足病，由此想到年迈的太后也可能玉体欠安，所以很想来看望她。正是这番得体入微的关切之言，才缓和了前面的紧张气氛，为下面的顺利进谏打下了基础。因此，这个"恕"应是"忖度，推己及人"的意思。此例当归入义项①"推己及人；仁爱"之下。如是，此项则缺少早期例证，兹补上两例。《楚辞·离骚》："羌内恕己以量人兮，各兴心而嫉妒。""恕己"，宽容自己。《隋书·东夷传·高丽》："盖当由朕训导不明，王之愆违，一已宽恕，今日以后，必须改革。""宽恕"同义连文。

悖 bèi ⑥粗恶。《淮南子·说林》："临淄之女，织纨而思，行者为之悖戾。"高诱注："悖，粗恶也。"（第四卷2465页）

按，所引例证断句欠妥。按此断句，"行者为之悖戾"的主语是"行者"，"为之"的"之"就应该指代前面"临淄之女，织纨而思"。然行者的"悖戾"——粗恶，与女子"织纨而思"存在着怎样的因果联系呢？"行者"应属上句，断作"织纨而思行者"。"行者"指远行在外的男人，是织女思念的对象；"为之悖戾"的主语则是承上而省去"纨"，"之"指代女子"思行者"的行为。引例全句意思是，临淄的女子，织纨时思念远行的男人，注意力不集中，纨绢因此而质量粗劣。

慆 tāo ①喜悦。《说文·心部》："慆，说也。"段玉裁注："说，今之悦字。"《玉篇·心部》："慆，喜也。"《广韵·豪韵》："慆，悦乐。"《左传·昭公元年》："君子之近琴瑟，以仪节也，非以慆心也。"三国魏嵇康《声无哀乐论》："又古人慎靡靡之风，抑慆耳之声。"（第四卷2504页）

按，这里不烦将该条材料尽数引出，旨在全面检视书证同义项释文是否协调。释文“喜悦”是形容词，几部古辞书的释义与义项是吻合的。然例证中的“慆”，或构成“慆心”，或构成“慆耳”，都带上了宾语，“慆”则为动词，且用作使动，分别是“使（心里）愉悦”、“使（耳朵）舒适”的意思。由于仅见《左传》与《声无哀乐论》这两条用作使动的例证，尚无别的材料予以证明，因而不能轻言活用。解决的办法是，将“慆”的动词、形容词用法一分为二。一是增设动词“喜欢；使愉悦”的义项，将这两例置于其下。再补上一例，唐白居易《人之困穷由君之奢欲》：“虽慆郑卫之音，厌燕赵之色。”二是形容词义项“悦，喜悦”保留，再补上一例，《尚书大传·大誓》卷三：“师乃慆，前歌后舞。”郑玄注：“慆，喜也。”

祐 yòu ④治理。《方言》卷十三：“祐，乱也。”郭璞注：“乱，当训治。”（第五卷2559页）

按，此条下没有文献例证，“祐”的此义能否成立，这里暂不讨论。但是需要把编者对郭璞注的误解指出来。郭璞是用反训方式，训“乱”为“治”。构成反训的一组词，其词性相同而意义相反或相对。“乱”是形容词，有混乱、不太平等意思，作为与其义相反的“治”，毫无疑问当为形容词，是治理得好、太平的意思。（参见本章“断”字条）释文据郭璞设动词“治理”义项，失之。

相 xiàng ⑫跟随。《左传·昭公三年》：“箕伯、直柄、虞遂、伯戏，其相胡公、大姬已在齐矣。”孔颖达疏引服虔云：“相，随也。”（第五卷2645页）

按，例中的“相”释作“跟随”值得商酌。查孔颖达疏，其在引用服虔注后又谓：“盖相训为助，不为随也。言箕伯四人其皆助胡公、大姬神灵，已在齐矣。”孔颖达未取服虔注，而另作解释说明，值得注意。箕伯等四人是传说中舜的后代，陈氏的祖先，胡公、大姬夫妇系齐国陈氏的祖先。按其地位身份，前者当然为尊。若是他们四人“跟随”胡公、大姬，则颠倒了尊卑关系。此“相”当取孔颖达的训释，是“帮助”之义，言其暗中帮助胡公、大姬。如是，此条不当设立，可以置于义项⑤“辅佐；扶助”之下。

眺 tiào ①视不正。《说文·目部》：“眺，目不正也。”《集韵·笑韵》：“眺，视不正。”《文选·潘岳〈射雉赋〉》：“亦有目不步体，邪眺旁剔。”李善注引徐爰曰：“邪眺旁剔，视瞻不正，常惊惕也。”（第五卷2661页）

按，《说文》中的“眺”字究竟有没有“目不正”的解释，学者看法不一。桂馥认为，《说文》这一解释是“误入目字训。本书误以𥄂为儵目之或体”，而“𥄂”字的本义才是“目不正”。段玉裁认为“目不正”是“眺”的本义，而

“眺望”的“眺”，本字应为“覜”，“眺”是假借字。朱骏声赞同段说。两说孰为合理这里不作评论，单就这条例证来说，与义项释文是不够吻合的。“邪眺旁剔”的“眺”字前面有“邪”修饰。可知“视不正”是“邪眺”合起来才有的意思。徐爰的“视瞻不正”之言，显然并非单就“眺”字为训。总之，例中的“眺”只宜释为“望、看”，因而此例应置于义项③“视”之下。

稍 shāo ⑨副词。……3. 表示程度轻微，相当于“稍微”、“略微”。《篇海类编·花木类·禾部》：“稍，犹略也。”《左传·昭公十年》：“昔庆封亡，子尾多受邑而稍致诸君。”（第五卷 2791 页）

按，引例与义项释文不合。例中，子尾“致诸君”，即还给齐君的是“邑”，即城邑，名词，当以数量的多少或时间的先后计，不存在程度轻重的问题。例中的“稍”当是“渐渐；逐渐”的意思，“稍致诸君”意即子尾渐渐地奉还了齐君此前授予的城邑。因此，这条例证应移于“渐；逐渐”义项下。这样，“稍”的这一用法的引例则失之偏早。比较可靠的材料始见于汉代。例如，《汉书·爰盎传》：“淮南益横，谋反发觉。上征淮南王，迁之蜀，槛车传送。盎时为中郎将，谏曰：‘陛下素骄之，弗稍禁，以至此。’”“稍禁”，即略加禁止。《汉书·王莽传》：“府帑虽未能充，略颇稍给。”杨树达《汉书窥管》引周寿昌《汉书注校补》：“略、颇、稍三字连文。”姚维锐《古书疑义举例增补·补语词复用例》：“略，即颇也；颇，即稍也。此以三字为复用矣。”这是说“略、颇、稍”三字同义连词，共表“稍微，略微”之义。魏晋南北朝时，用例渐多。例如，《古小说钩沉·冥祥记》：“若有所遗漏，非故隐蔽，虽不获免，受报稍轻。”《古小说钩沉·幽明录》：“尸卧静舍，惟心下稍暖。”《三国志·魏书·董昭传》：“京都无粮，欲车驾暂幸鲁阳。鲁阳近许，转运稍易，可无县乏之忧。”

补 bǔ ②修补一切破损的东西。……《礼记·月令》：“（孟秋之月）修宫室，壞墙垣，补城郭。”（第六卷 3296 页）

按，引例的用字有误。上古时，“壞”与“坏”是音义不同的两个字。“坏”是“坯”的早期书写形式。《说文》：“坏，瓦未烧。”“坏”可用作“培”的通假字。朱骏声《说文通训定声》：“坏，假借为培。”而“培”有“增益”义。《广韵·灰韵》：“培，益也。”《礼记·月令》：“（孟冬之月）坏城郭，戒门闾。”郑玄注：“坏，益也。”孔颖达疏：“城郭当须牢厚。故言坏。”郑玄训“坏”为“益”，正取“坏”通“培”的通假义，是增补、加厚的意思。查中华书局 1980 年版《十三经注疏》，本字均作“坏”而不是“壞”。汉字简化后，两字合并为

“坏”。编者失察，将原音“培”的“坏”字还原为“壞”字，造成此误。《吕氏春秋·孟秋》作：“修宫室，附墙垣，补城郭。”高诱注：“附，犹培也。”又《孟冬》作：“附城郭，戒门闾。”高诱注：“附，益也。”两例可为有力的佐证。

耀 yào ④荣显；显贵。《晋书·汝南王亮传》：“太妃尝有小疾，祓于洛水，亮兄弟三人侍从，并持节鼓吹，震耀洛滨。武帝登陵云台望见，曰：‘伏妃可谓富贵矣。’”……（第六卷3681页）

按，此条例证与义项释文词性不相合。释文“荣显”，即荣华显贵，与“显贵”均为形容词。例中“震耀洛滨”为动宾结构。“洛滨”是处所宾语，“震”和“耀”则为动词谓语。“震”指震动、震撼，“耀”应是炫耀、显扬的意思。又，该条下另外两条例证中的“耀”都是形容词，这条例证置于其中也与之不协。应将此例置于义项③“显示；显扬”之下。为通俗明晰起见，本条的释文可调整为“荣耀；显贵”。

走 zǒu ③步行，脚交互向前迈动。……《礼记·玉藻》：“走而不趋。”……（第六卷3703页）

按，此例为“走”字的最早用例。“走”在何时产生今之常义“行走，步行”，学术界尚有争议，这里不作评价讨论，单就《礼记》此例的“走”而言，视为“步行”则不恰当。这个“走”应是其上古常义“跑步，疾趋”。《礼记》这段话为：“父命呼，唯而不诺，手执业则投之，食在口则吐之，走而不趋。”讲的是儿子在父亲面前须遵守的行为礼节，即对“父命呼”需要快速反应，及时行动，不能怠慢。正因为“趋”是快步走，没有“走”的速度快，所以才有“走而不趋”的规定。“走”若指缓慢步行，则适得其反，无疑是失礼行为。此例应归入义项①“跑，疾趋”之下。

负 fù ⑪辜负。《古今韵会举要·遇韵》：“负，孤负也。”……汉李陵《答苏武书》：“陵虽孤恩，汉亦负德。”（第七卷3862页）

按，例中的“负”与释文义不相协。所谓“辜负”，是指对不住（别人的好意、期望或帮助）。李善注曰：“言陵无功以报汉为孤恩，汉戮陵母为负德。”所言甚明。“汉亦负德”是朝廷对李陵而言的，李陵一介臣民，效命朝廷是其天职，他对于朝廷有什么恩德可言？作为朝廷，也就根本不存在对李陵个人的所谓恩德有所辜负的问题。这个“负”应是“违背，背弃”的意思；“德”，即仁德、仁义。“汉亦负德”意即汉朝的做法也违背了仁德。作为李陵投降匈奴决不回去的理由，这样解释言之有理。此例宜归入义项⑩“违，背弃”下。

重 chóng ②拖累；牵连。……《老子》第六十六章："是以圣人处上而民不重，处前而民不害。"……（第七卷3924页）

按，编者对例中"重"的理解有一定的偏差。若按释文的解释，此句则成了圣人处在上位，老百姓不被拖累（受牵连），显然与文意相违。《老子》此章的主旨是，强调统治者（圣人）要善于用好权术。引例的上文为："欲上民，必以言下之；欲先民，必以身后之。"言统治者先作出高姿态感化民心，就能够取信于民，轻松驾驭他们。因此，例中的"民不重"、"民不害"不具被动意义。"民不重"应是百姓不感到沉重、有压力的意思；"民不害"，即百姓不觉得有危害。"重"当音zhòng，系形容词用作动词。

馀 yú ⑤其他的，以外的。《广雅·释诂三》："馀，皆也。"王念孙疏证："《逸周书·粜匡解》：'馀子务艺。'孔晁注云：'馀，众也。'《论语·雍也篇》云：'其馀则日月至焉而已矣。'是'馀'为皆、共之词也。"（第八卷4747页）

按，所引《广雅》及王念孙的疏证与义项释文不相吻合，或者说，不能够很好地证明义项。所谓"其他的，以外的"，是列举所叙述主体之外的其他对象；而"皆"为副词，则指全部包括在内。《逸周书》中的"馀子"，指的是王子之外的其他儿子。孔晁释"馀"为"众"，就疏通文义而言尚可，但不等于"馀"即"其他的"之义。至于《论语》的"馀"，王念孙以为是"皆、共之词"，就更为勉强了。《论语》这几句话是："子曰：'回也，其心三月不违仁，其馀则日月至焉而已矣。'""其馀"指的是颜回以外的其他弟子，这个"馀"用"皆、共"解释是不通的。这些书证虽出自大家名著，亦当忍痛割爱，以免影响义例的协适。

风 fēng ②教化。《广韵·东韵》："风，教也。"《古今韵会举要·东韵》："风，王者之声教也。"《书·毕命》："既历三纪，世变风移，四方无予一人以宁。"孔传："世代民易，顽者渐化。"《战国策·秦策一》："山东之国。从风而服。"《盐铁论·非鞅》："诸侯敛衽，西面而向风。"（第八卷4772页）

按，所引例证中的"风"，其词性及意义均与义项释文不合。"教化"，即教育、感化，动词。《尚书》中的"世变风移"，孔传"世代民易"，是对"世变"的训释："顽者渐化"只是对"风移"所指具体内容的说明，还不能据以认定"风移"的"风"义为教化。"风移"与"世变"互文，"世变"指时世变化，那么，"风移"就是指风气移易。在这里，"风"无疑为名词，此例应置于义项③"风俗；风气"之下。《战国策》的"从风而服"乃是用比喻与夸张的手法，极言苏秦挂六国相印时威势显赫，使得山东六国像小草随风倒伏一样归服于他。鲍彪注“以草偃为喻也”，是为得之。然单就“风”字而言，则当指自然之风。高诱注：“风，化也。”所释乖于文意。编者可能参考了高注，故有此疏误。《盐铁论》的“西面而向风”与“从风而服”类似，也是以夸张的手法言秦国变法后的强大威势。“向风”实即“向风而服”之省，其“风”也指自然之风。综上，这两例应归入义项①“空气流动的现象”之中。若是，此条就无例可证了。“风”字音 fèng，其中义项②为“教育；感化”，两部韵书的解释都可并入其中。

高 gāo ② 高度。……唐杜甫《将赴成都草堂途中有作先寄严郑公五首》之四：“新松恨不高千尺，恶竹应须斩万竿。”（第八卷 4894 页）

按，“高度”是名词，例中的“高”用“高度”解释，诗句的大意勉强可通；且表面上组合形式相同的另外两例“高八尺”、“高十余丈”的“高”也是名词。然而此例的“高”处于七律的对仗联中，需按对仗的要求作出严格的分析界定。“高”与“斩”相对，“斩”是动词，那么“高”无疑也是动词，即“高达”、“长高”的意思。因此，此例移至义项③“加高；提高”之下较妥。

二、缺例、例证不足问题

作为古今兼收、源流并重的大型语文字典，离不开丰富、可靠的例证，所以按照惯例，其例句一般要引用三个左右。如果例证太少，或者缺例，就不能体现义项的概括特征，反映字义的源流演变，也不能验证义项设置是否合理，核实释义是否准确了。如此，就会给读者的理解运用带来困难。较之已往的汉语字典，《汉语大字典》引用例证的广泛性、丰富性是空前的。这些例证得到学界的充分肯定和好评，但也存在个别条目例证不足的问题，如孤例和缺例，除了义项单薄难以立足外，其释义是否正确、合理也难以检验。在此笔者主要对《汉语大字典》中的例证做一些增补。

亚 yà ⑥ 丑，难看。《说文·亚部》：“亚，丑也。象人局背之形。”王筠释例：“丑是事而不可指，借局背之形以指之。非惟驼背，抑且鸡匈，可云丑矣。”（第一卷 25 页）

按，此条只有《说文》及王筠的解释，没有用例，是其不足。段玉裁在《说文》“亚”字条下注：“此亚之本义。亚与恶音义皆同。”桂馥《说文解字义证》：“亚，经典通作恶。”《尔雅·释言》：“亚，次也。”郝懿行义疏：“亚，通作恶。”可知在“丑陋，难看”义上，“亚”或许就是“恶”的古字。兹补充几条用例。《周礼·春官宗伯·肆师》:“凡师甸，用牲于社宗，则为位。”郑玄注:“《尚书》传曰：王升舟入水，鼓钟亚，观台亚，将舟亚，宗庙亚。”郑注中的几个“亚”，都是“难看”之义。马王堆汉墓帛书《十六经·果童》:“夫地有山有泽，有黑有白，有美有亚。”“亚”与“美”对举，无疑是“丑”之义。

协 xié ⑤帮助。如：协助；协理。（第一卷74页）

按，义项下举两个现代常用的合成词，不足以证明其义。此外，还容易误导读者，以为此义与古义无涉。实际上，此义至迟魏晋时期就已产生。《三国志·蜀志·来敏传》:“（来敏）与尚书向充等并能协赞大将军姜维。”“协赞”同义连文，表协助、帮助。《世说新语·方正》:“公协辅皇室，令作事可法。”“协辅”亦同义连文，同“协赞”。魏晋以后用例，如宋叶梦得《避暑录话》卷下:“庆历初，杜祁公、韩、富、范四人在朝，欲有所为，文忠为谏官协佐之。”宋曾巩《太平州与本路转运状》:“享神明之协相，具福禄之来成。”“协佐”、“协相”均为同义连文，义同前。

原 yuán ⑦原来的。如：原籍；物归原主。（第一卷85页）

按，此义项的例证不能用自拟词语的方式，因为中古、近代均有用例。三国魏刘劭《人物志·接识》:“智意之人，以原意为度，故能识韬谞之权，而不贵法教之常。”“原意”即本意，原来之意。明张居正《女诫直解》:“谨案集中《女诫》原文，与《后汉书》字句互异者多。”“原文”，原来的文字。《儿女英雄传》第十五回:“老弟，你官复原职了。”“原职”，原来的官职。

匣 xiá ④棺材。元张国宾《合汗衫》第二折:“倘或间俺命掩黄沙，则将这衫儿半壁匣盖上搭。”（第一卷97页）

按，一条例证似太单薄，不足以证其义。“匣”的这一用法在如今不少方言里还存在，一般指薄而小的简易棺材。沈从文《边城》:“河街上船总顺顺，派人找了一只空船，带了副白木匣子，即刻向碧溪岨撑去。”许宝华、宫田一郎主编的《汉语方言大词典》:“匣子：北京官话，中原官话，兰银官话，西南官话，湘语，都这样称。西南官话还叫‘匣匣’。”李荣主编《现代汉语方言大词典》:“哈尔滨，徐州，武汉，乌鲁木齐亦称简易棺材为‘匣子’。”加上这些材料，就比较充实了。

侍 shì ③养。《吕氏春秋·异用》:“仁人之得饴，以养疾侍老也。”高诱注:“侍，亦养也。”（第一卷177页）

按，释文“养”宜调整为双音节的“奉养，赡养”。此条仅先秦一例，太少，兹补上几条中古的材料。《晋书·孝友传·盛彦》："母王氏因疾失明，彦每言及，未尝不流涕。于是不应辟召，躬自侍养。""侍养"同义连文。唐韩愈《贞曜先生墓志铭》："间四年，又命来选为溧阳尉，迎侍溧上。""迎侍"，指接来奉养。唐白居易《送唐州崔使君侍亲赴任》诗"乌府一抛霜简去，朱轮四从板舆行"，自注："崔郎中，从殿中连典四郡，皆侍亲赴任。""侍亲"，指奉养双亲。

侈 chǐ ①掩胁，自高自大，盛气凌人。《说文·人部》："侈，掩胁也。"段玉裁注："掩者，掩盖其上。胁者，胁制其旁。凡自多以陵人曰侈。"《左传·桓公六年》："少师侈，请羸师以张之。"（第一卷186页）

按，"侈"的此义较僻，仅引一例，偏少。且为《左传》之例，不能反映后代的使用情况。兹补充几例。《左传·哀公二十七年》："公患三桓之侈也，欲以诸侯去之。""侈"谓骄矜凌人。《国语·郑语》："虢叔恃势，郐仲恃险，是皆有骄侈怠慢之心。""骄侈"同义连用。《史记·赵世家》："章素侈，不服其弟所立。""素侈"，即一向骄妄自大。《洛阳伽蓝记·城内》："时太原王位极心骄，功高意侈。""意侈"与"心骄"对文义同。隋王通《中说·王道》："封禅之费非古也，徒以夸天下，其秦汉之侈心乎？""侈心"，即骄尚自大之心。此外，义项释文用"自高自大，盛气凌人"表述已经十分清楚，不知何故还要照搬《说文》晦涩难懂的"掩胁"二字，徒增读者的阅读负担。这两字可去之。

免 miǎn ⑩不可；不要。如：闲人免进；免开尊口。（第一卷271页）

按，"免"的这种用法含委婉、客气的语气，不宜自拟现今的短语作例证，因为至迟在唐代就已出现。唐韩愈《贺张十八秘书得裴司空马》诗："旦夕公归伸拜谢，免劳骑去逐双旌。""免劳"，不可烦劳。《西厢记》第五本第一折："惟恐夫人与贤妻忧念，特令琴童奉书驰报，庶几免虑。""免虑"，不必忧虑。田汉《关汉卿》剧本中第五场："谁跟你开玩笑！这事让朱四姐出面，你就免开尊口！""免开"，不必开。

凌 líng ⑨暴。《广雅·释言》："凌，暴也。"《法言·吾子》："震风凌雨，然后知夏屋之为帡幪也。"李轨注："凌，暴也。"（第一卷328页）

按，《广雅·释言》本作"淩，暴也"，字为"淩"而不是"凌"。《慧琳音义》卷四十六引《广雅》："凌，暴也，犯也，侮也。"这是间接引证，在与《广雅》原文有异的情况下，不宜轻用。"淩"与"凌"有时虽可互相通用，但并非真正的异体字。作为字典，须以原字为准。又，《汉语大字典》第三卷1758页已另设“淩”字，不应将《广雅》之释阑入此条。这样，此条仅有一例，失之单薄，补上两例。释文作“暴”，单音为词，义不清楚；“暴”应是形容词，可调为“凶暴；厉害”。《管子·中匡》：“法行而不苛，刑廉而不赦，有司宽而不淩，菀浊困滞，皆法度不亡。”“宽而不淩”，即宽厚而不凶暴。三国魏阮籍《大人先生传》：“强者睽眠而淩暴，弱者憔悴以事人。”“淩暴”同义连文。

勉 miǎn ④赶快。《吕氏春秋·具备》：“宓子贱曰：‘子之书甚不善，子勉归矣。’”高诱注：“勉犹趣也。”（第一卷405页）

按，此条下仅一条例证，且高诱之注不够浅白，影响了释文的明晰性。“趣”音cù，副词，古代有赶紧、赶快的意思。兹补上两例。《吕氏春秋·当赏》：“臣有义，不两主，公子勉去矣。”《史记·晋世家》：“秦晋接境，秦君贤，子其勉行。”例中的“勉去”、“勉行”义近，都是赶快离开，前行的意思。

劝 quàn ④助。《广雅·释诂二》：“劝，助也。”王念孙疏证：“劝者，《盘庚》云：‘女诞劝忧。’《君奭》云：‘在昔上帝割申劝宁王之德。’皆助之义也。”（第一卷417页）

按，此条间接取用王念孙疏证的例证，且欠通俗简明，不便理解。“助”是辅助、帮助的意思。补上几条例证。《左传·僖公二十八年》：“癸亥，王子虎盟诸侯于王庭，要言曰：‘皆劝奖王室，无相害也。有渝此盟，神明殛之。’”杜预注：“奖，助也。”孔颖达疏：“劝奖者，佐助之意。”《周礼·考工记·辀人》：“劝登马力。”郑玄注：“辀和劝马用力。”孙诒让正义：“《广雅·释诂》云：‘劝，助也；教也。’辀和则马引之时若助教其用力也。”《淮南子·道应》：“今夫举大木者，前呼邪许，后亦应之，此举重劝力之歌也。”“劝力”，犹言“助力”。

在 zài ⑥存问；问候。《左传·襄公二十六年》：“寡人淹恤在外，二三子皆使寡人朝夕闻卫国之言，吾子独不在寡人。”杜预注：“在，存问也。”（第一卷450页）

按，此义不常见，仅凭一条例证不足以明之。补上几例。《左传·隐公十一年》：“公使羽父请于薛侯曰：‘君与滕君辱在寡人。’”王引之《经义述闻·左传上》按：“存问之也。”《国语·吴语》：“昔吴伯父不失，春秋必率诸侯以顾在余一人。”“顾在”，看望问候。《大戴礼记·曾子立事》：“存往者，在来者。”“在”与“存”对举而义同，都是“问候”之义。

寺 sì ①官署名。《说文·寸部》：“寺，廷也。”朱骏声《说文通训定声》：

“朝中官曹所止理事之处。”《广雅·释宫》：“寺，官也。”王念孙疏证：“皆谓官舍也。”《左传·隐公七年》：“发币于公卿。”杜预注：“诣公府卿寺。”孔颖达疏：“自汉以来，三公所居谓之府，九卿所居谓之寺。”……（第一卷546页）

按，这条释文所引书证材料，都是对“寺”作“官舍”一类的说明，同时也提及“寺”指官署的大致时间在秦汉间，却无一条实际使用的例证予以证明。在此补上几条汉代以来的用例。《管子·度地》：“官府寺舍及州中当缮治者，给卒财足。”《汉书·元帝纪》：“坏败豲道县城郭官寺及民室屋，压杀人众。”颜师古注：“凡府庭所在，皆谓之寺。”《汉书·何并传》：“令骑奴还至寺门。”颜师古注：“诸官曹之所，通呼为寺。”晋潘岳《西征赋》：“街里萧条，邑居散逸，营宇寺署，肆廛管库，蕞芮于城隅者，百不处一。”《后汉书·刘般传》：“时五校官显职闲，而府寺宽敞。”

吝 sè ⑤羞耻；耻辱。《后汉书·杨震传》：“三后成功，惟殷于民，皋陶不与焉，盖吝之也。”李贤注：“吝，耻也。”（第二卷643页）

按，释文是名词性的，而例中的“吝”后有代词“之”，当为动词，即以之为耻的意思。可见，此例并不合宜。“吝”作名词有例，《周易·系辞上》：“悔吝者，忧虞之象也。”孔颖达疏：“吝者，当事之时，可轻鄙耻，故云吝也。”《后汉书·张衡传》：“用后勋，雪前吝。”李贤注：“吝，耻也。”“雪前吝”，即雪洗前耻。《后汉书·张衡传》：“姑亦奉顺敦笃，守以忠信，得之不休，不获不吝。”李贤注：“吝，耻也。”“不吝”，不以为耻。此例的“吝”与《后汉书·杨震传》中的“吝”一样，都是意动用法。因此，可为其设意动用法的小项，附于其下。

行 xìng ①事。《礼记·坊记》：“民犹贵禄而贱行。”郑玄注：“行，犹事也。言务得其禄，不务其事。”（第二卷874页）

按，参考“事”字的其他义项，结合该义项释文及例句看，这个“事”是名词，指事情、所做的事，“贱行”犹言轻视事情、事务。“事”的此义古代并不少见，仅此一例显然不够，试为其补上几条材料。《广韵·映韵》：“行，事也。”《论语·述而》：“子曰：‘二三子以我为隐乎？吾无隐乎尔。吾无行而不与二三子者，是丘也。’”清刘宝楠正义：“行者，谓所行事也。”“无行”，没有什么事情。《荀子·成相》：“禹傅土，平天下，躬亲为民行劳苦。”杨倞注：“行，谓所行之事也。”

徙 xǐ ②调职。《史记·淮阴侯列传》：“徙齐王信为楚王，都下邳。”（第

二卷 889 页）

按，所谓“调职”，是指官位、职务上的迁移、调整，包括升迁、平调、降职在内。然而，仅凭这一条例证还不足以证明其概括性，也不能反映其意义特征。兹补上几例。《史记·李将军列传》：“广为陇西都尉，徙为骑郎将。”此处是“升调”。《后汉书·谢弼传》：“又故太傅陈蕃，辅相陛下，勤身王室，夙夜匪懈，而见陷群邪，一旦诛灭。其为酷滥，骇动天下，而门生故吏，并离徙锢。”“离”同“罹”，遭受；“徙锢”，降职和禁锢。《宋书·王僧达传》：“元嘉二十八年春，索虏寇逼，都邑危惧，僧达求入卫京师，见许。贼退，又除宣城太守，顷之，徙任义兴。”“徙任”，即调任。

复 fù ④报答。《汉书·匈奴传下》：“以复天子厚恩。”颜师古注：“复亦报。”（第二卷 896 页）

按，此项仅有一例，材料单薄，且年代偏晚，亦为缺憾。兹补上两条。《荀子·臣道》：“以德复君而化之，大忠也。”杨倞注：“复，报也。”“复君”，报答国君。《汉书·师丹传》：“惟陛下财览众心，有以尉复师傅之臣。”颜师古注：“复，报也。”“尉”同“慰”，抚慰；“复”，报答，回报。

鬱 yù ⑥怨恨。《吕氏春秋·侈乐》：“故乐愈侈而民愈鬱，国愈乱。”高诱注：“鬱，怨。”（第二卷 922 页）

按，“鬱”（郁）的此义，单用确乎少见，然仅凭一例，毕竟难以支撑义项。从古代语料的同义组合中可以找到佐证。试举三例。《吕氏春秋·慎大》：“干辛任威，凌轹诸侯，以及兆民，贤良鬱怨，杀彼龙逄，以服群凶。”《管子·君臣下》：“是以下之人无谏死之忌，而聚立者无鬱怨之心。”两例“鬱怨”同义连文，表示怨恨、愤恨。明叶盛《水东日记·记杀马顺等事》：“有旨：‘朝廷当别有处。’众心鬱愤，叫号不已。”“鬱愤”，即怨恨、愤怒。

庸 yōng ⑮愚；不高明。如：庸人；庸医。《集韵·钟韵》：“庸，愚也。”（第二卷 956 页）

按，“庸”的此义，古今都不算冷僻，为何只是自拟现代词语，而不举古代的实际用例？所列“庸人”，在古代实有二义：一是平常之人。此义出现较早，如《战国策·赵策三》：“始以先生为庸人，吾乃今日而知先生为天下之士也。”《史记·廉颇蔺相如列传》：“且庸人尚羞之，况于将相乎？”二是愚笨、庸碌之人。此义产生相对要晚，如《新唐书·陆象先传》：“天下本无事，庸人扰之为烦耳。”宋苏轼《代李琮论京东盗贼状》：“宰相崔植、杜元颖皆庸人无远虑。”

“庸”字单用表“愚；不高明”之义，要早于同“庸人”这一词的使用。如《楚辞·九章·怀沙》：“邑犬之群吠兮，吠所怪也。非俊疑杰兮，固庸态也。”“庸态”犹言庸俗愚笨（者）之常态。《世说新语·言语》：“文帝问曰：‘卿何以不谨于文宪?’桢答曰：‘臣诚庸短，亦由陛下网目不疏。’”“庸短”，即才庸识浅。《周书·于瑾传》：“此是家事，素虽庸昧，何敢有辞。”“庸昧”，即庸碌愚昧，此为自谦之辞。

宠 chǒng ⑥ 骄纵。《文选·张衡〈东京赋〉》：“好殚物以穷宠，忽下叛而生忧也。”李善注引薛综曰：“宠，骄也。”（第二卷 1027 页）

按，“宠”的此义在如今比较少见，而仅凭孤例，使人理解上产生困难。在此补上几例。宋沈作喆《寓简》卷八：“幼时故老为予言，汴京宣政间极隆盛。时公卿舆服华焕，骑从传呼甚宠，观听莫不歆艳也。”“甚宠”，甚为放肆、骄纵。明胡应麟《少室山房笔丛·丹铅新录八·周礼屦人》：“古者妇人屦与男子同。自后妃以至命妇，制度质采，咸有等差，不得逾僭。故成周特设官掌之。后世骄宠恣行，倡优后饰，以此职废也。”“骄宠”同义连文，即骄横放纵。

步 bù ⑥ 步伐，步骤。《三国志·蜀志·吕凯传》：“将军若能幡然改图，易迹更步，古人不难追。”（第三卷 1541 页）

按，“易迹更步”的意思是改变以往的做法。“步”的这一用法，一般辞典未收。然仅有一例，且年代偏晚，不能很好地证明其义。兹补上三条上古用例。《吕氏春秋·行论》：“颜色黧黑，步不相过。”《楚辞·远游》：“步徙倚而遥思兮，怊惝怳而乖怀。”东汉张衡《东京赋》：“驾不乱步。”这些“步”的“步伐”之义甚明。

渊 yuān ① 回水；洄流水。《说文·水部》：“渊，回水也。”《篇海类编·地理类·水部》：“渊，水盘旋处为渊。”（第三卷 1801 页）

按，此条作为“渊”的本义，仅有辞书解释而无古书实际用例，未尝不是缺失。古籍中不乏相关的材料，然编者给遗漏了。在此为其做点补充。孔子弟子颜回字“渊”，可知“渊”与“回”有同义关系。《庄子·应帝王》：“鲵桓之审为渊，止水之审为渊，流水之审为渊。”敬顺《释文》：“（审）崔本作潘，云：‘回流所钟之域也。’”《列子·应帝王》作“鲵旋之潘为渊，止水之潘为渊，流水之潘为渊”。这里的“渊”，指回流集中的地方。《文选·左思〈魏都赋〉》：“回渊漼，积水深。”张载注引《说文》：“渊，回水也。”

持 chí ⑤ 侍奉。《荀子·荣辱》：“父子相传，以持王公。”（第四

卷 1973 页）

按，在既无古辞书的释义，又无古注疏作参考的情况下，径为一条例证建立义项，显得仓促草率，义项的概括性也就无从谈起了。试为其补上两例。《荀子·正论》："居如大神，动如天帝，持老养衰，犹有善于是者与?""持老"，就是侍奉老人。《战国策·燕策一》："燕相子之与苏代婚，而欲得燕权，乃使苏代持质子于齐。""持质子"，即奉持作抵押的人质。有这两例作支撑，义项庶几可以站得住脚。

惕 tì ④急速。《玉篇·心部》："惕，疾也。"《国语·吴语》："一日惕，一日留，以安步王志。"韦昭注："惕，疾也。"（第四卷 2315 页）

按，"惕"的此义比较冷僻，仅有古代字书的解释以及一条用例，不便理解把握，也难以验证其是否可靠。试为其补上两例。汉扬雄《长杨赋》："二十余年矣，尚不敢惕息。"吕延济注："惕息，急喘息也。"可知"惕"指急促。《管子·大匡》："小白之为人，无小智，惕而有大虑，非夷吾莫能容小白。""惕"指性子急，做事迅捷。"惕而有大虑"犹言性急而有大志。补上两例，这一义项就比较可信了。

急 jí ⑬狭窄；狭隘。《说文·心部》："急，褊也。"段玉裁注："褊者，衣小也。故凡窄狭谓之褊。"《广韵·缉韵》："急，《说文》作及。（下有心）"（第四卷 2443 页）

按，此条没有实际例证，试为其补上两例供参考。《古小说钩沉·荀氏灵鬼志》："妇便口中出一年少丈夫，共食。笼中便有三人，宽急之事，亦复不异。""宽急之事"谓笼中的宽窄状况。《搜神后记》卷一："何寻逐，径向一山。山有穴，才容一人。其人命入穴，何亦随之入。初甚急，前辄闲旷。""初甚急"，即开始进去时十分狭窄。

感 gǎn ⑧忧伤。《玉篇·心部》："感，伤也。"（第四卷 2485 页）

按，汉魏六朝时，"感"表"忧伤"用例甚多，不知何故尚未取用一例。《汉书·孝武李夫人传》："又不得就视，上愈益相思悲感。"又《史丹传》："向有太子当进见，臣窃戒属母涕泣，感伤陛下。"《论衡·感虚》："盖哭之精诚，故对响之者，凄怆感恸也。"《后汉书·邓晨列传》："帝感悼姊殁于乱兵，追封谥元为新野节义长公主。"又《党锢列传》："惟大人割不可忍之恩，勿增感戚。"《还冤志·羊聃》："山太妃忧感动疾。"《魏书·列女传》："闻知者莫不感怆。"以上例中的"感"，分别与"悲、伤、恸、悼、戚、忧、怆"等同义连用。《古小说钩沉·述异记》："诸儿号感，奄然而灭。""号感"，即悲伤地号哭。

惶 huáng ③慌忙。《广韵·唐韵》："惶，遽也。"（第四卷2494页）

按，"遽"在古代又有多个常用义，编者仅据《广韵》的孤字，在无实际用例证明的情况下，将其解作"慌忙"，不知依据为何？请看以下材料：《后汉书·郑兴传》："今陛下高明而群臣惶促，宜留思柔之政，垂意《洪范》之法。""惶促"，即慌乱促迫。《三国志·魏志·夏侯惇传》："持质者遑遽叩头曰：'我但欲乞资用去耳。'""遑遽"同义连用，惊慌忙乱之义。又裴松之注引《朗家传》："及太祖贵，求其嗣子甚急。其子惶窘，走伏无所。阳亲旧虽多，莫敢藏者。""惶窘"，惊慌窘迫。宋欧阳修《尚书都员外郎欧阳公墓志铭》："食讫，悉劳而还于狱，独留一人于庭。留者色动惶顾。""惶顾"，即惊慌四顾。从以上例中看，"惶"释作"慌忙"还不够贴切，调整为"惊慌"较宜。"惊慌"与义项①"恐惧"义的内在联系也要紧密一些。

恼 nǎo ③懊恼；烦闷。如：烦恼；苦恼；懊恼。《广韵·晧韵》："恼，懊恼。"《陈书·姚察传》："将终，曾无痛恼，但西向坐，正念，云'一切空寂'。"（第四卷2497页）

按，此条仅有《广韵》的解释及一条例证，材料不足；且自拟"烦恼；苦恼；懊恼"亦不恰当，这些词并非现代才有。例如，《百喻经·雇借瓦师喻》："此弊恶驴，须臾之顷，尽破我器，是故懊恼。"南朝陈刘义庆《幽明录·陈良》："我家厕屋后桑树中有一狸，常作妖怪，我家数数横受苦恼。"南朝梁武帝《净业赋》："抱惑而生，与之偕老；随逐无明，莫非烦恼。"由上可知，这些词语六朝时期已见使用。再补上一条唐代例证。白居易《和微之十七与君别及胧月花枝之咏》诗："别时十七今头白，恼乱君心三十年。""恼乱"，烦恼搅乱。根据以上材料，这一条目应作相应的调整补充。

慕 mù ④悲伤。……三国魏曹植《卞太后诔》："百姓欷歔，婴儿号慕。"（第四卷2501页）

按，"悲伤"是"慕"在六朝时期的新义。仅此一例，不能令人置信。兹补上几例。《颜氏家训·后娶》："基每拜见后母，感慕呜咽，不能自持。"沈约《登台望秋月》诗："居人临此笑以歌，别客对之伤且慕。"《魏书·孝感列传》："兄弟四人，早丧父，泣慕十载，奉养其母。"萧衍《拟明月照高楼》诗："悲慕屡伤节，离忧亟华年。"以上例中"慕"的"悲伤"之义甚明。

虑 lǜ ⑧怀疑。《增韵·御韵》："虑，疑也。"（第四卷2508页）

按，仅凭韵书的释义就设立义项，难以服人。我们搜寻到一些语料，《慧琳音义》卷一“栖虑”注引《考声》：“虑，疑而思之也。”《战国策·楚策一》：“江乙曰：‘二人之言皆善也，臣不敢言其后。此谓虑贤也。’”鲍彪注：“虑，犹疑也。贤者言善，己复言之，将使王疑彼思虑之也。”《后汉书·耿弇传》：“更始见光武威声日盛，君臣疑虑，乃遣使立光武为萧王，令罢兵与诸将有功者还长安。”“疑虑”同义连文，有“怀疑”之义。宋无名氏《错立身》戏文第二出：“休道侯门深似海，说与婆婆休虑猜，只道家中管待客。”“虑猜”，怀疑猜忌。有了这些材料，“怀疑”义项的可靠性就毋庸置疑了。

慰 wèi ③ 愤怒。《说文·心部》：“慰，恚怒也。”（第四卷 2509 页）

按，“慰”的这一用法古代少见，虽然《说文》的解释有一定的权威性，应其来有自，但没有实际用例支撑，毕竟是个缺失。在此补上几例，以证其说不虚。《诗经·小雅·车舝》：“觏尔新昏，以慰我心。”唐陆德明释文：“慰，怨也。王申为怨恨之义。《韩诗》作‘以愠我心’。愠，恚也。”清段玉裁《小笺》：“释慰为怨，如释乱为治，释徂为存。”依段玉裁的解释，“慰”字释为与其常义“安慰”相反的“怨怒”义，训诂学上谓之“反训”，段说有可取之处。《淮南子·原道》：“圣人处之，不为愁悴怨慰，而失其所以自乐也。”“怨慰”同义连文。

衷 zhōng ⑦ 诚恳。《荀子·成相》：“欲衷对，言不从。”杨倞注：“衷，诚也。欲诚意以对时君，恐言不从而遇祸也。”（第六卷 3279 页）

按，此条下只有《荀子》一例，一则会使人对其是否有概括性产生疑惑；二则容易让人误解“衷”的此义仅见于先秦，以后不再使用。其实，此义中古以后仍然沿用。请看材料：《慧琳音义》卷八十八“衷道”注引《说文》：“衷，诚也。”南朝陈徐陵《为陈主答周主论和亲书》：“希笃亲邻，敬闻衷款。”“衷款”同义连文，指诚恳的意见。唐韩愈《谒衡岳庙遂宿岳寺题门楼》诗：“升阶伛偻荐脯酒，欲以菲薄明其衷。”孙汝听注：“衷，诚也。”《资治通鉴·唐纪二十四》：“元琰曰：‘功成名遂，不退将危。此乃由衷之请，非徒然也。’”胡三省注：“衷，诚也。”“由衷之请”，即出自诚意的请求。

亵 xiè ⑤ 污秽；肮脏。如：亵秽；亵器。《礼记·内则》：“不有敬事，不敢袒裼，不涉不撅，亵衣衾，不见里。”郑玄注：“为其可秽。”（第六卷3314 页）

按，此条引例偏少，且“亵器”一词上古已见，不宜作为自拟词语举出。例如，《周礼·天官·玉府》：“掌王之燕衣服、衽、席、床、笫，凡亵器。”郑玄注引郑司农曰："亵器，清器，虎子之属。"亵器是装大小便的，乃盛污之器，故有其名。再补上两条中古材料。唐沈既济《枕中记》："卢生顾其衣装敝亵，乃长叹息。""敝亵"，即破烂肮脏。《资治通鉴·汉纪四》："是时，冒顿方强，为书，使使遣高后，辞极亵嫚。"胡三省注："亵，污也。嫚，傲。""亵嫚"，即污秽傲慢。

重 zhòng ⑩惜。《史记·刺客列传》："不重暴骸之难。"司马贞索隐："重，犹惜。言不惜暴骸之为难也。"（第七卷3923页）

按，义项"惜"有"吝惜；爱惜；珍惜"之义。然仅有一例，其证据明显不足，在此补上几条。《管子·权修》："欲为其民者，必重尽其民力。"尹知章注："重为矜惜之也。"《史记·陈丞相世家》："项王为人，恭敬爱人，士之廉节好礼者多归之。至于行功爵邑，重之；士亦以此不附。""重之"，即吝惜爵邑。《汉书·陈平传》："至于行功赏爵邑，重之。"颜师古注："重，言爱惜之。"《后汉书·朱浮传》："夫事积久则吏自重，吏安则人自静。"李贤注："重犹爱惜也。"

递 dì ⑤远。《玉篇·辵部》："递，远也。"唐戴休珽《古意》："关塞何苍茫，遥烽递相望。"（第七卷4129页）

按，例中"递"同"遥"照应，是遥远、长远的意思。然只举一例，偏少。虽然"递"字单表此义在古书中少见，但"迢递"连用较多，可作为参考补充。"迢递"可视为同义连文。"迢"有"远，长"之义。《说文新附》："迢，迢遰也。""遰"同"递"。唐慧琳《一切经音义》卷十六引《考声》："迢，远也。"《字汇·辵部》："迢，迢递，远也。"《文选·嵇康〈琴赋〉》："指苍梧之迢递，临回江之威夷。"吕向注："迢递，长貌。"即悠长、遥远的样子。《文选·谢瞻〈于安城答灵运〉》："迢递封畿内。"李周翰注："迢递，远貌。"李贺《有所思》："江山迢递无休绝。"王琦注："迢递，路远貌。"还可重叠作"迢迢"。晋潘岳《内顾诗》之一："漫漫三千里，迢迢远行客。""迢迢"沿用至今。"递"的此义，或是由于"迢递"经常连用，受"迢"的沾染渗透而得。

革 gé ⑩兵车。《史记·留侯世家》："殷事已毕，偃革为轩。"司马贞索隐引苏林云："革者兵车也……谓废兵车而用乘车也。"（第八卷4610页）

按，仅凭此例，还不能够对"革"表兵车的用法提供有力的证明。此义的形成，盖与"革车"一词在古代常用有关。"革车"是古代用皮革包裹装饰的战车。《孟子·尽心下》："革车三百两。"孙奭疏："革车者，以皮为饰者也。"《孙子兵法·作战》:“凡用兵之法，驰车千驷，革车千乘，带甲十万。”李筌注:“革车，轻车也。”指轻便灵活的战车。张预注:“革车，即守车也。”所释不一，但均指战车。“革车”使用既久，“革”以偏代正，便代称兵车了。再为之补上一条后世用例。唐柳宗元《说车赠杨诲之》:“革面长毂以载。”蒋之翘辑注:“革，谓革车。”

颈 jìng ② 脖子的前面部分。唐慧琳《一切经音义》卷四引《苍颉篇》:“前曰颈，后曰项。”《广韵·静韵》:“颈，颈在前，项在后。”《素问·腹中论》:“颈痛，胸满，腹胀。”王冰注:“颈，项前也。”(第八卷4661页)

按，此条用古代辞书对“颈”的特指范围作了说明，甚为精当。稍觉不足的是，仅举《素问》一条用例，不够典型、贴切，虽有王冰的注释，仍觉隔了一层。试为其补上一例。《公羊传·宣公六年》:“君将使我杀子，吾不忍杀子也。虽然，吾亦不可复见吾君矣。遂刎颈而死。”“刎颈”，即抹脖子，古代的自杀方式之一。抹脖子只能割脖子的前部，加上此例印证，“颈”之义就比较具体明晰了。

驳 bó ⑥ 偏。《论衡·书虚》:“夫舜、禹之德不能过尧，尧葬于冀州，或言葬于崇山，冀州鸟兽不耕，而鸟兽独为舜、禹耕，何天恩之偏驳也?”(第八卷4836页)

按，“驳”的此义在古籍中少见，其形成可能与其常义“不纯，驳杂”等有关:不纯则意味着不正，不能居于主流，处于偏侧地位，因而有了“偏”义。此条仅靠一例立项，材料过于单薄。试为其增补几条材料。《汉书·谷永传》:“改往反过，抗湛溺之义，解偏驳之爱。”颜师古注:“驳，不周普也。”“不周普”就是偏侧。南朝梁刘勰《文心雕龙·史传》:“袁张所制，偏驳不伦。”“偏驳”，偏杂不正。《资治通鉴·晋武帝太康五年》:“今重其任而轻其人，使驳违之论横于州里，嫌雠之隙结于大臣。”“驳违之论”，即偏颇、乖违的言论。“偏驳”又作“偏駮”。《说苑·志公》:“所以自奉者，殚天下，竭民力，偏駮自私，不能以及人。”“偏駮”指不公正，偏向某一方。

四、《汉语大字典》引用例证迟后拾遗

《汉语大字典》作为源流并重的大型语文字典，其重要任务之一，就是较为全面地展示字义在不同时期的发展变化情况，为解释历代文献字义和研究汉语词汇史提供参考依据。例证材料是反映字义状况最直观的语言载体。要实现这个目标，提高字典质量，就需要在例证上下大的功夫。而在例证问题上，用例的“始见书”问题，又显得非常重要。因为只有弄清“一个字（词）的一个意义从什么时候开始具有的”（王力），才能真正做到探本求末、溯源明流。《汉语大字典》在选用始见例证方面作出了很多努力，也取得了很大的成绩。然而从浩如烟海的典籍中选取恰当的例证已经不易，要做到每个义项首先选取一个最早的例证，则更非易事！时贤对《汉语大字典》例证的讨论批评，“始见书”问题往往是其重要的内容。现将若干例证迟后的条目整理成文，供编者与读者参考。如有可能，尽量在所议条目下将收集到的语料多列举一些。这样处理，一方面便于更好地证明某字的某义出现的年代；另一方面也可为编者在修订时选用例证多一点选择的余地。引用为省篇幅，一般只列举《汉语大字典》（修订版）中引用的最早例证。

下 xià ㊱量词。1. 指动作的次数。《敦煌变文集·孔子项讬相问书》：“夫子共项讬对答，下下不如项讬。”……（第一卷9页）

按，这条例证欠当。“下下”是比较固定的组合，“每一下”即每一次，不是典型的动量词。此条主要的问题还是例证记录的时间太晚。就我们所见，“下”作为动量词，并非始于唐代，可以上溯到汉朝。如《风俗通义·旁通》：“太傅汝南陈蕃仲举，去光禄勋，还到临颍巨陵亭，从者击亭卒数下。”《海内十洲记·炎州》：“炎州，在南海中，上有风生兽……以铁锤锤其头数十下乃死。”是书旧题汉朝东方朔撰。《汉书·王莽传》：“莽立载行视，亲举筑三下。”《吕氏春秋·长攻篇》：“先具大金斗。代君至，酒酣，反斗而击之，一成，脑涂地。”高诱注：“一成，一下也。”高注以“下”释“成”，可见东汉时“下”作动量词已较习用。六朝亦不乏其例。《意林》卷五引晋傅玄《傅子》：“暮饭斗，牛不食，搏牛一下。”《三国志·吴志·韦曜传》：“谨追辞叩头五百下，两手自搏。”《三国志·蜀志·先主传》裴松之注引鱼豢《典略》：“傅之著树，鞭杖十余下。”《三国志·吴志·孙奋传》裴松之注引《江表传》：“奋不受药，叩头千下。”《魏书·毛脩之传》：“曾为诸葛亮门下书佐，被挞百下。”

丐 gài ③给予；施舍。《字汇·一部》：“丐，与也。”唐韩愈《太原王公墓志铭》：“又出库钱一千万，以丐贫民遭旱不能供税者。”……（第一卷12页）

按，“丐”此义的最早例证为唐代，迟后较远。就目前掌握的材料看，汉代始见用例。例如，《汉书·西域传下》：“秦人，我丐若马。”意即我给予你们马。魏晋时亦不少见，如《后汉书·窦武传》：“及载肴粮于路，丐施贫民。”“丐施”，同义连用，“施舍”之义。《魏书·食货志》：“灵太后曾令公卿已下任力负物而取之，又数赉禁内左右，所费无赀，而不能一丐百姓也。”“一丐百姓”，即施舍一点给百姓。

互 hù ⑥副词。相互；彼此。如：互敬互爱；互相合作。三国魏何晏《论语集解序》：“所见不同，互有得失。”……（第一卷15页）

按，“互”用作副词，这一用法至迟始于汉代，而不是三国。例如，《史记·司马相如列传》：“栖息乎其间长啸哀鸣，翩幡互经。”张守节正义：“郭（璞）云：‘互经，互相经过。’”《文选·李陵〈答苏武书〉》：“胡笳互动，牧马悲鸣。”东汉郑玄在经籍注释中，常用“互文”、“互言”为释，这种修辞手法就是上下文意互相阐发、补充。其中的“互”，正是副词“交互”、“互相”的意思。如《诗经·小雅·采芑》：“钲人伐鼓，陈师鞠旅。”郑玄笺：“钲也鼓也，各有人焉，言‘钲人伐鼓’，互言尔。”《礼记·文王世子》：“诸父守贵宫贵室，诸子诸孙守下宫下室。”又：“诸父守贵室，子弟守下室。”郑玄注：“上言父子孙，此言兄弟，互相备也。”“互相备”，即“互文”的另一称法。《周礼·春官·小祝》：“有寇戎之事，则保郊，祀于社。”郑玄注：“保、祀互文，郊、社皆守而祀之。”

再 zài ②重复；继续。《玉篇·冓部》：“再，重也，仍也。”唐杜甫《自京赴奉先县咏怀五百字》：“荣枯咫尺异，惆怅难再述。”……（第一卷20页）

按，“再”的这种用法属副词，依《汉语大字典》编写体例，当归入义项③“副词”之下。既然成书于南朝的字书《玉篇》中已有释义，所举例证就不应晚至唐代。据我们考察，“再”作副词，表动作行为重复的用法并非始于南朝，先秦已见用例，如《国语·越语下》：“臣闻之：得时无怠，时不再来；天予不取，反为之灭。”《楚辞·哀郢》：“揖齐扬以容与兮，哀见君而不再得。”《楚辞·湘君》：“时不可兮再得，聊逍遥兮容与。”以上例中“再来”、“再得”之“再”与今义无别。《楚辞·湘夫人》：“时不可兮骤得。”“骤”，即多次、重复，以此可证“再”之义。汉魏时亦有用例。《说苑·敬慎》：“臣年八十矣，齿再堕而舌尚存。”“再堕”，多次掉落。《吴越春秋·勾践伐吴外传》：“吾将复入，恐不再还，与子长诀，相求于玄冥之下。”《阮籍集·咏怀诗》：“岂知穷达士，一死不再生。”

来 lái ⑫ 表示某段时间。《晋书·石勒载记上》：“吾幼来在家恒闻如是。”（第一卷 176 页）

按，这类附于时间词之后的“来”，应归入助词。又，《晋书》乃唐代房玄龄等人编撰，应视为唐代文献。实际上，“来”的这种用法始见于汉代，魏晋南北朝已广泛使用。例如，汉袁康《越绝书·外传记吴王占梦》：“（王孙圣）博学强识，通于方来之事，可占大王梦。”《论衡·知实》：“妇人之知，尚能类推以见方来；况圣人君子，才高智明者乎？”以上“方来”，即将来之义。晋陶渊明《挽歌》：“向来相送人，各自还其家。”《拾遗记·夏禹》：“既觉渐明，见向来豕犬变为人形，皆著玄衣。”《后汉书·方术传下·华佗》：“向来道边有卖饼家，蒜齑大酢，从取三升饮之，病自当去。”以上“向来”，即从前，不久以前。《搜神记·管辂》：“适来饮他酒脯，宁无情乎？”“适来”，即刚才。《搜神记·树神黄祖》：“朝来父老皆欲祈雨，吾已求之于帝，明日日中大雨。”“朝来”，即早晨。《三国志·魏志·徐邈传》：“比来天下奢靡，转相仿效，而徐公雅尚自若，不与俗同。”“比来”，即近来。《古小说钩沉·幽明录》：“刘道锡与从弟康祖少不信（有）鬼，从兄兴伯少来见鬼，但辞论不能相屈。”“少来”，即一向，经常。

更 gèng ① 副词……2. 相当于“更加”、“愈”、“越”。《世说新语·规箴》：“王右军与王敬仁、许玄度并善，二人亡后，右军为论议更克。”……（第一卷 23 页）

按，“更”作副词的这种用法，上古时期就已出现，引例不应晚至六朝。例如《韩非子·孤愤》：“其修士不能以货赂事人，恃其精洁，而更不能以枉法为治。”《战国策·韩策一》：“与之，即无地以给之；不与，则弃前功，而后更受其祸。”《史记·外戚世家》：“及李夫人卒，则有尹婕妤之属，更有宠。”《史记·管晏列传》：“吾尝为鲍叔谋事而更穷困，鲍叔不以我为愚，知时有利不利也。”《论衡·道虚》：“服食良药，身气复故；非本气少身重，得药而乃气长身更轻也。”《论衡·须颂》：“实而论之，汉更难及。”以上例中的“更”、“更加”、“越”之义甚明。

事 shì ②职业。《论衡·诘术》：“陶氏、田氏，事之氏姓也。”《汉书·樊哙传》：“樊哙，沛人也，以屠狗为事。”（第一卷26页）

按，“事”的此义，始见于先秦。《庄子·逍遥游》：“宋人有善为不龟手之药者，世世以洴澼絖为事。”“为事”，即作为职业。《荀子·性恶》：“夫工匠农贾，未尝不可以相为事也，然未尝能相为事也。”杨倞注：“事，业也。”“相为事”，即相互调换所从事的职业。西汉之例，如《大戴礼记·曾子立事》：“大夫士日旦思其官，战战唯恐不能胜；庶人日旦思其事，战战唯恐刑罚之至也。”王聘珍解诂：“官，职也。事，业也，工匠农贾各事其事。”“思其事”，考虑其职业、岗位。由此可见，《汉语大字典》所用例证略晚。

乏 fá ②缺少；匮乏。《广韵·乏韵》：“乏，匮也。”《战国策·齐策四》：“孟尝君使人给其食用，无使乏。”……（第一卷40页）

按，《战国策》系西汉刘向整理成书，一般只视为西汉作品。“乏”的此义在先秦文献中已不鲜见。例如，《左传·桓公六年》：“今民各有心，而鬼神乏主，其何福之有?”《左传·僖公三十年》：“若舍郑以为东道主，行李之往来，共其乏困，君亦无所害。”行而无资谓之“乏”，居而无食谓之“困”。《国语·周语下》：“田畴荒芜，资用乏匮。”“乏匮”同义连用。《国语·越语上》：“臣闻之贾人，夏则资皮，冬则资絺，旱则资舟，水则资车，以待乏也。”《孟子·告子上》：“天将降大任于斯人也，必先苦其心志，劳其筋骨，饿其体肤，空乏其身。”“空乏”同义连用，指一无所有，这里用作使动，意即使其遭受钱财匮乏之苦。《韩非子·外储说右下》：“上有积财，则民必匮乏于下。”

乖 guāi ③差错。《广雅·释诂四》：“乖，差也。”《后汉书·郭玉传》：“针石之间，毫芒即乖。”……（第一卷44页）

按，“乖”的“差错，错误”之义出现的时间，不会迟至魏晋时期。上古已有用例。《楚辞·七谏·怨世》：“吾独乖剌而无当兮。”王逸注：“乖，差也。剌，邪也。”《礼记·乐记》：“乱世之音怨以怒，其政乖。”指其政将会错乱。《论衡·薄葬》：“术用乖错，首尾相违，故以为非。”“乖错”同义连用，谬误之义。《汉书·王莽传上》：“将令正乖谬，壹异说云。”“乖谬”同义连用，错谬之义。

承 chéng ④承担；担当。如：承包；承办。南朝宋谢灵运《谢封康乐侯表》："岂臣尪弱，所当忝承？"……（第一卷62页）

按，最早引例为南朝，明显迟后，实则先秦已有用例。《左传·成公二年》："敢告不敏，摄官承乏。""承乏"，承担空缺（的职位）。《国语·齐语》："桓公惧，出见客曰：'天威不违颜咫尺，小白余敢承天子之命曰尔无下拜，恐陨越于下，以为天子羞。'遂下拜，升受命。"《吕氏春秋·直谏》："葆申曰：'臣承先王之令，不敢废也。'"《韩非子·难三》："中期善承其任，未慊昭王也，而为所不知，岂不妄哉！"以上几例中，"承"的"承担"义甚明。

乳 rǔ ③初生的；幼小的。南朝宋鲍照《采桑》："乳燕逐草虫，巢蜂拾花药。"……（第一卷64页）

按，"乳"的引例偏晚。此义在上古汉语中已经产生。例如，《吴子·图国》："若以备进战退守，而不求能用者，譬犹伏鸡之搏狸，乳犬之犯虎，虽有斗志，随之死矣。""乳犬"，即幼犬。贾谊《新书·胎教》："无养乳虎，将伤天下。""乳虎"，即幼虎。《太平御览》五七二卷引汉应劭《风俗通义》："呼之，援琴抚弦而歌曰：'百里奚，初娶我时五张皮，临当别行烹乳鸡，今适富贵忘我为。'""乳鸡"，即小鸡。

匹 pǐ ④配偶。《广韵·质韵》："匹，偶也。"《乐府诗集·琴曲歌辞三·胡笳十八拍》："我不负天兮，天何配我殊匹？"……（第一卷94页）

按，《胡笳十八拍》为东汉末年蔡文姬所作（或更晚些），作为最早用例似嫌偏晚。"匹"的此义先秦后期已经有了，《尔雅·释诂上》："仪，匹也"，又"仇，匹也"，又"知，匹也"。《尔雅》用"匹"解释表配偶义的"仪"、"仇"、"知"等词，可见，"匹"表"配偶"之义当时已较通行。语言材料证明我们的看法不谬。《商君书·画策》："故黄帝作为君臣上下之义，父子兄弟之札，夫妇妃匹之台。"《吕氏春秋·壹行》："盗贼大奸也，而犹所得匹偶，又况于欲成大功乎？"以上"妃匹"、"匹偶"同义连用，指配偶。再看汉代用例。《管子·君臣下》："古者未有君臣上下之别，未有夫妇妃匹之合。"《诗·周南·关雎》："窈窕淑女，君子好逑。"毛传："逑，匹也。"《史记·外戚世家》："甚哉！妃匹之爱，君不能得之于臣，父不能得之于子，况卑下乎？""妃匹之爱"，即夫妻之爱。

共 gòng ④介词。表示所连及的对象，相当于"跟"、"同"。唐王勃《滕王阁序》："落霞与孤鹜齐飞，秋水共长天一色。"……（第一卷120页）

按，引例出现略晚，六朝已有此义。《后汉书·吴汉传》："吾共诸君逾越险阻，转战千里。"《世说新语·文学》："既知不能逾己，稍共诸生叙其短长。"《文心雕龙·风骨》："情与气谐，辞共体并。"《百喻经·五人买婢共使作喻》："后者恚曰：'我共前人同买于汝，云河独尔?'"《百喻经》卷上："过去有人，共多人坐于屋中。"北魏杨衒之《洛阳伽蓝记·永宁寺》："荣即共穆结异性兄弟。穆年大，荣兄事之。"《洛阳伽蓝记·序》："金刹与灵台比高，广殿共阿房等壮。"南北朝梁庾肩吾《乱后行经吴邮亭诗》："人事今如此，天道共谁论?"南北朝梁萧纲《游光宅寺诗应令》："翠网随烟碧，丹花共日红。"

兼 jiān ⑦连词。表示联合关系，相当于"并且"、"加之"。晋陶潜《饮酒·序》："余闲居寡欢，兼比夜已长，偶有名酒，无夕不饮。"……（第一卷127页）

按，《尚书·顾命》："宾称奉圭兼币，曰：'一二臣卫，敢执壤奠。'皆再拜稽首。""奉"指奉献、进献；"圭"和"币"均是贡物、贡品，"兼"为并列连词无疑。《战国策·韩策三》："东孟之会，聂政、阳坚刺相兼君。"此言刺杀了相以及国君。《谷梁传·闵公二年》："郑弃其师，恶弃长也，兼不反其众，则是弃其师也。"此是"并且"之义。《潜夫论·忠贵》："太后称制而专政，禄、产秉事而握权，擅立四王，多封子弟，兼据将相，外内磐结，自以虽汤、武兴，五霸作，弗能为也。"此为"并且，同时"。从以上语料可知，"兼"作连词先秦两汉都有用例，晋代材料太晚。

入 rù ⑤交；交纳。《汉书·食货志上》："边食足以支五岁，可令入粟郡县矣。"……（第一卷133页）

按，此条例证略晚，兹补上先秦及西汉的用例。《墨子·贵义》："今农夫入其税于大人，大人为酒醴粢盛，以祭上帝鬼神。""入其税"，缴纳其赋税。《周礼·春官·巾车》："凡车之出入，岁终则会之。凡赐，阙之；毁折，入赍于职币。"郑玄注："计所伤败，入其直。杜子春云：赍读为资，资谓财也。乘官车毁折者，入财以偿缮治之直。"可见，"入赍"，即交纳钱财。《周礼·秋官·职金》："受其入征者，辨其物之媺恶与其数量，楬而玺之。"郑玄注引郑司农曰："'受其入征者'，谓主受采金、玉、锡、石丹青者之租税也。""入征"，即缴纳的租税。《史记·平准书》："弘羊又请令吏得入粟补官及罪人赎罪。""入粟"，即交纳粟粮。根据所补诸例，这条释文可以考虑调整为"缴纳，交纳"。

供 gōng ①供给；奉养。《说文·人部》："供，供给。"《广雅·释言》：

“供，养也。”《风俗通·衍礼》：“九江太守武陵威生，不识母，常自悲感，游学京师，还于陵，谷中见一老母，年六十余……因载归家，供养以为母。”……(第一卷178页)

按，《风俗通》一书，系东汉应劭所撰。而“供”的这一意义，先秦已见，西汉也有用例。《左传·僖公四年》：“贡之不入，寡君之罪也，敢不供给?”《国语·周语上》：“事之供给，于是乎在。”《孟子·梁惠王上》：“王之诸臣，皆足以供之。”《韩非子·解老》：“凡马之所以大用者，外供甲兵而内给淫奢也。”《吕氏春秋·季冬》：“乃命太史次诸侯之列，赋之牺牲，以供皇天上帝社稷之享。”《管子·地图》：“论功劳，行赏罚，不敢蔽贤有私；行用货财，供给军之求索。”《战国策·楚策三》：“妾闻将军之晋国，偶有金千斤，进之左右，以供刍秣。”西汉晁错《论贵粟疏》：“取于有余，以供上用。”

修 xiū ② 修理；维修。《字汇·人部》：“修，葺也。”唐韩愈《新修滕王阁记》：“此屋不修且坏。”……（第一卷194页）

按，最早用例为唐代。南朝顾野王《玉篇·艸部》：“葺，修补也。”以“修”释“葺”，要早于唐代。实际上，此义用例还可提前到先秦，汉代一直沿用。《尚书·禹贡》：“既修太原，至于岳阳。”《礼记·月令》：“修宫室……补城郭。”《吕氏春秋·先己》：“琴瑟不张，钟鼓不修。”《礼记·中庸》：“春秋修其祖庙，陈其宗器，设其裳衣，荐其时食。”《管子·立政》：“甲弊兵雕，莫之修缮。”《战国策·中山策》：“谄谀用事，良臣斥疏，百姓心离，城池不修，既无良臣，又无守备。”《史记·仲尼弟子列传》：“子贡曰：‘修兵休卒以待之。’晋君许诺。”“修兵”，即修缮兵器。

促 cù ⑥ 催促。《字汇·人部》：“促，催也。”唐李白《鲁郡尧祠送吴王之琅琊》：“日色促归人，连歌倒芳樽。”……（第一卷197页）

按，引例最早为唐代，偏晚。而此义汉代至魏晋均有用例。《孔子家语·颜回》：“公闻之，越席而起，促驾召颜回。”“促驾”，即催促车驾快行。《论衡·率性篇》：“西门豹急，配韦以自缓；董安于缓，带弦以自促。”“自促”，自我督促、催促。《后汉书·任文公传》：“文公急命促载，使白刺史，刺史笑之。”“促载”义同“促驾”。《后汉书·西羌传·滇良》：“吴祉等乃多赐迷唐金帛，令籴谷市畜，促使出塞，种人更怀猜惊。”“促使”，即催促、推动而使之行动。

俊 jùn ④ 漂亮，姿容秀美。元乔吉《扬州梦》第三折：“端详着庞儿俊，思量着口儿甜，怎肯教意儿差。”……（第一卷204页）

按，“俊”的“漂亮，美丽”之义，应早于元代。例如，《晋书·裴楷传》：“楷风神高迈，容仪俊爽。”“俊爽”，指英俊清朗。宋柳永《一寸金》词：“轻裘俊，靓妆艳冶。”“轻裘俊”，言轻裘漂亮好看。苏轼《荐宗室令畤状》：“吏事通敏，文采俊丽，志节端亮，议论英发。”“俊丽”同义连文，有漂亮之义。

停 tíng ⑤妥帖。《西游记》第三回：“悟空将金冠、金甲、云履都穿戴停当。”……（第一卷232页）

按，引用例证为明代材料。此义最早应不晚于魏晋时期。《全晋文》卷23王羲之《杂帖》：“小奴在此忽患疟，比数发，今日最为大，都轻疟耳。尚小停，今在吾厩中，念犹悬心，小患耳，无所垂心，须佳乃去。”“小停”指病情稍稍平稳、妥帖。《晋书·庾亮传》：“臣等以九月十九日发武昌，以二十四日达夏口，辄简卒搜乘，停当上道。”“停当”，即妥帖之义。《敦煌文献语言词典》引《某甲等谨立社条（样式）》：“更有事段几般，壹取众人停稳。”“停稳”同义连用，妥帖、停当之义。宋马钰《清心镜·赠侯明一》词：“先把马猿用功擒住。自然得性命停停，管成仙归去。”“停”字叠用，义亦为妥帖。

凡 fán ②总共；总计。《史记·陈涉世家》：“陈胜王凡六月。”……（第一卷303页）

按，“凡”的这一用法，最早应见于先秦。如《尚书·洪范》：“乃命卜筮：曰雨，曰霁，曰蒙，曰驿，曰克，曰贞，曰悔。”《易·系辞上》：“乾之策二百一十有六，坤之策百四十有四，凡三百有六十，当期之日。”《吕氏春秋·制乐》：“文王即位八年而地动，已动之后四十三年，凡文王立国五十一年而终。”《墨子·备城门》：“丈夫千人，丁女子二千人，老小千人，凡四千人。”《韩非子·三守》：“凡劫有三：有明劫，有事劫，有刑劫。”

冶 yě ①熔炼金属。《说文·仌部》：“冶，销也。”段玉裁注：“销者，铄金也。”……《史记·平准书》：“（富商大贾）冶铸煮盐，财或累万金。”……（第一卷326页）

按，“冶”的义项②为“铸造工”，其下引例最早为《周礼》、《墨子》，而此义最早用例出现于汉代，就说不过去了。因为“铸造”的基础是熔炼，“冶”的“铸造”义和“熔炼”义是互为依存的，因而这两义应当同时产生，产生时间都在先秦。有例可证，《荀子·王制》：“故泽人足乎木，山人足乎鱼，农夫不斫削、不陶冶而足械用，工贾不耕田而足菽粟。”“陶冶”，即烧陶冶炼。《韩非子·外储说左上》：“凡刻削者，以其所以削必小。今臣冶人也，无以为之削。

此不然物也。”“冶人”，即从事冶炼之人。《荀子·强国》：“刑范正，金锡美，工冶巧，火齐得，剖刑而莫邪已。”“工冶巧”就是指工匠的熔铸技术高明。

冥 míng ① 昏暗。《说文．冥部》：“冥，幽也。”《广雅·释训》：“冥，暗也。”《史记·龟策列传》：“飘风日起，正昼晦冥。日月并蚀，灭息无光。”……（第一卷 335 页）

按，此义的最早用例见于先秦，而不是汉代。《老子》二十一章：“窈兮冥兮，其中有精。”这是描述“道”的特点。任继愈译：“它是那样的深远暗昧啊。”（《老子新译》）《吕氏春秋·辩土》：“垆埴冥色，刚土柔种，免耕杀匿，使农事得。”“冥色”，昏暗之色。陈奇猷校释引夏纬瑛曰：“冥色，当是色暗的意思。”《吕氏春秋·谨听》：“是乃冥之昭，乱之定，毁之成，危之宁。”“冥”与“昭”对举，昏暗义明。“冥冥”有时叠用，义亦相同。《诗·小雅·无将大车》：“无将大车，维尘冥冥。”郑玄笺：“冥冥者，蔽人目明。”朱熹集传：“冥冥，昏晦也。”

分 fèn ⑪ 该；应当。张相《诗词曲语辞汇释》卷四：“分，甘服之辞。”唐元稹《酬乐天见忆》：“与君皆直戆，须分老泥沙。”（第一卷 353 页）

按，“分”的此义，六朝即已产生。例如，《三国志·魏志·吕布》裴松之注引《英雄记》：“布获罪之人，分为诛首。”又《魏志·曹爽》裴松之注引《魏末传》：“贱子爽哀惶恐怖，无状招祸，分受屠灭。”“分为”、“分受”均为“当受、该受”之义。《搜神记》卷一：“小儿无状，分当万死。”《后汉书·独行列传·温序》：“受国重任，分当效死。”《三国志·魏志·公孙渊》裴松之注引《魏略》：“分当即戮，为众社戒。”这些“分当”都是同义连用，表“该当、应当”之义。

剧 jù ⑨ 戏剧。《正字通·刀部》：“剧，今俗演传奇曰剧。”鲁迅《且界亭杂文·以眼还眼》：“在这个剧里，莎氏描写了两个英雄——恺撒和勃鲁都斯。”（第一卷 391 页）

按，既然成书于明朝的辞书《正字通》对“剧”的戏剧义已有说解，何以现代文里才出现这种用法？又，元朝杂剧已经兴旺发达，怎么就没有记载？从目前的材料看，晚唐已见“杂剧”之名。唐李德裕《宣令更商量奏来者》：“成都、华阳两县只有八十人，其中一人是子女锦锦，杂剧丈夫二人。”宋朱敦儒《念奴娇》词：“杂剧打了，戏衫脱与呆底。”元末明初陶宗仪《南村辍耕录》卷二十五“院本名目”云：“金有院本、杂剧、诸宫调。院本、杂剧，其实一也。”又载："传奇犹宋戏曲之变，世传谓之杂剧。"

去 qù　④往（由此处到彼处）。……《广雅·释诂一》："去，行也。"唐李白《赠韦秘书子春》："终与安社稷，功成去五湖。"……（第一卷419页）

按，此条取《广雅》的"去，行也"作为释义依据，不妥。因为"行"义较笼统，并未表示出运动的目的或处所。若取《广雅·释诂二》的"往，去也"，似较合宜。又，"去"的"往"义先秦即已出现，汉魏六朝不乏用例。例如，《山海经·大荒北经》："应龙已杀蚩尤，又杀夸父，乃去南方处之，故南方多雨。"《战国策·齐策四》："昔者秦攻齐，令曰：'有敢去柳下季垄五十步而樵采者，死不赦。'"《史记·留侯世家》："景驹自立为楚假王，在留。良欲往从之，行道遇沛公……故遂从之，不去见景驹。"刘向《列仙传》："遂去吴山下，十余年，莫知所之。"又《阴生》："系著桎梏而续在市中乞，又械欲杀之。乃去酒者之家，室自坏，杀十余人。"东汉支谶译《般若道行品经》："汝从是去到犍陀越国昙无竭菩萨所。"《古诗为焦仲卿妻作》："良吉三十日，今已二十七，卿可去成婚。"《世说新语·任诞》："遂变服，怀布帽，随温去与债主戏。"又《汰侈》："遂饥经日，迷不知何处去。"

坐 zuò　④乘；搭。如：坐火车；坐飞机。鲁迅《故事新编·理水》："我走旱路坐车，走水路坐船，走泥路坐橇，走山路坐轿。"（第一卷455页）

按，"坐"的乘坐之义，绝非现代才有。汉贾谊《新书·容经》："小礼动，中礼式，大礼下：坐车之容也。""坐车之容"，即乘坐礼车的仪表举止。金董解元《西厢记诸宫调》卷二："气力又无些个，与匹马看怎乘坐？"《水浒传》第八五回："所有乘坐马匹，在观中喂养。""乘坐"同义连文。《儒林外史》第四一回："少刻，沈琼枝坐了轿子，到门首下了进来。"

培 péi　④扶助；培育。《广韵·灰韵》："培，助也。"《金史·韩企先传》："专以培植奖励后进为己责任。"……（第一卷490页）

按，"培"的这一用法的最早用例应出现于宋代，且一般在合成词中出现。《孟子·公孙丑上》："持其志，无暴其气。"宋朱熹集注："盖其内外本末，交相培养。"宋陆游《谢钱参政启》："兹盖伏遇某官培植众材，主张公论。"《宋史·苏轼传》："轼之才，远大器也，他日自当为天下用。要在朝廷培养之。"《宋史·仁宗纪四》："君臣上下恻怛之心，忠厚之政，有以培壅宋三百余年之基。"以上例中，"培养"、"培植"、"培壅"的"培"均为"培育"之义。

堕 duò　①掉；落。如：堕地；堕胎。《广韵·果韵》："堕，落也。"《史

记·高祖本纪》："会天寒，士卒堕指者什二三，遂至平城。"（第一卷520页）

按，"堕"的此义，应略早于汉代。《荀子·富国》："徙坏堕落，必反无功。"杨倞注："虽苟求功利，旋即毁坏堕落，必反无成功也。""堕落"同义连用，指掉落、丢失。《吕氏春秋·不苟》："武王至殷郊，系堕。五人御于前，莫肯之为。""系"，束带；"系堕"，即束带松解掉落。《韩非子·外储说左下》作："文王伐崇，至凤黄虚，袜系解，因自结。"可证"堕"同"解"，指松解。《管子·弟子职》："昏将举火，执烛隅坐……有堕代烛，交坐毋倍尊者。""烛"指火把，"有堕"指火把上的灰烬掉落。集校引洪亮吉曰："堕，落也。"

可 kě ⑧病愈。宋赵长卿《诉衷情》："疮儿可后，痕儿见在，见后思量。"……（第二卷615页）

按，"可"的这一用法，大约在魏晋时已经出现。《古小说钩沉·冥祥记》："异日，调忽往其家。弟具问嫂所苦，并审兄安否。调曰：'病者粗可，卿兄如常。'""粗可"，犹言基本痊愈。王羲之《杂帖》："吾昨暮复大吐，小啖物便尔，旦来可耳，知足下念。"此言病状早上就好了。唐代用例如《南史·王茂传》："遇其卧，问其疾。茂曰：'我病可耳。'""病可"，即病愈。《寒山诗》："人生不满百，常怀千载忧。自身病始可，又为子孙愁。""始可"，指刚刚痊愈。

⑫副词。……6.表示强调。相当于"真"、"确实"。《契丹国志·天祚帝本纪》："观夫孱主，可谓痛心。"……（同上）

按，"可"的这种用法，至迟汉代已经产生。例如，贾谊《论积贮疏》："公私之积，犹可哀痛。"《论衡·命义》："物善恶同，遭为人用，其不幸偶，犹可伤痛，况含精气之徒乎！"两例义同，言还确实叫人哀（伤）痛。《史记·田单列传》："吾惧燕人掘吾城外冢墓，僇先人，可为寒心。"《汉书·李寻传》："屋大柱小，可为寒心。"这两例的"可为"与引例的"可谓"格式更趋一致；"可为寒心"，即确实叫人寒心。

句 jù ①语句；诗句。《玉篇·句部》："句，止也，言语章句也。"《集韵·遇韵》："句，词绝也。"《文心雕龙·章句》："位言曰句……句者，局也；局言者，联字以分疆。"唐李白《嘲鲁儒》："鲁叟谈五经，白发死章句。"……（第二卷619页）

按，"句"的此义，从先秦到汉代都不乏用例，不应晚至六朝出现。例如，《庄子·骈拇》："骈于辩者，累瓦结绳窜句，游心于坚白同异之间，而敝跬誉无用之言非乎？"司马彪注："窜句，谓邪说微隐，穿凿文句也。"汉王逸《天问·

序》："稽之旧章，合之经传，以相发明，为之符验；章句决断，事事可晓。"《汉书·扬雄传下》："当其亡事也，章句之徒相与坐而守之，亦亡所患。""章句"，指章节和句子。汉马融《长笛赋》："观法于节奏，察变于句投。"李善注："《说文》：'投，止也。'投，与'逗'古字通。音豆。投，句之所止也。"汉何休《〈春秋公羊传解诂〉序》："讲诵师言，至于百万，犹有不解，时加酿嘲辞。援引他经，失其句读，以无为有，甚可闵笑者，不可胜记也。"

另 lìng ③别的；另外。如：另一回事；另有任务。《正字通·口部》："另，别异也……俗谓他日、异日曰另日。"清李宝嘉《庚子国变弹词》第二十七回："每逢朔望沿常例，万寿千秋另沛恩。"……（第二卷621页）

按，明代的《正字通》列有此义，说明至少当时业已使用，而不会迟至晚清。元代可见用例。《九宫正始·元传奇〈罗惜惜〉》："可观爱山清水绿，潇洒另般佳致。""另"表另外一种，非同一般。明代之例，如《喻世明言·单符郎全州佳偶》："汝今日鲜衣美食，花朝月夕，勾你受用。官府都另眼看觑，谁人轻贱你?"《警世通言》："刘翁刘妪见他小心得用，另眼相待，好衣好食的管顾他。"《水浒传》第十六回："我有心要抬举你，这献生辰纲的札子内，另修一封书在中间，太师跟前重重保你受道敕命回来。"

唱 chàng ③歌唱。如：独唱；唱戏；唱曲子。唐王勃《滕王阁序》："渔舟唱晚，响穷彭蠡之滨。"……（第二卷690页）

按，"唱"的此义，最早用例出于六朝时期。例如，晋左思《吴都赋》："水陆浮行，方舟结驷。唱棹转毂，昧旦永日。"李善注："唱棹转毂，言远人唱歌擿船，乘车转毂，以向吴都。"《吴都赋》："鸣条律畅，飞音响亮。盖象琴筑并奏，笙竽俱唱。"这里，"奏"、"唱"互文，"演奏"、"演唱"之义明显。《世说新语·容止》："谢车骑道谢公：'游肆复无乃高唱，但恭坐捻鼻顾睐，便自有寝处山泽间仪。'"南朝宋鲍照《代少年时至衰老行》："歌唱青琴女，弹筝燕赵人。"南朝梁简文帝《乐府诗集·当垆曲》："迎来挟琴易，送别唱歌难。"

喝 hē 吸食液体饮料或流质食物。如：喝水；喝稀饭。清徐釚《游鼓山记》："从石磴下数十级为灵源洞，大书'喝水岩'三字于左。"（第二卷704页）

按，"喝"的这一用法，大概元代就已经产生，不应晚于清代。元杂剧《陈州粜米》："俺两个别无甚事，都去狗腿湾王粉头家里喝酒去来。"元无名氏《冻苏秦》第三折："哇，你敢也走将来喝点汤，喝点汤。"明代用例，如《西游记》第八回："前程！前程！若依你，叫我喝风。""喝风"，喻指没有东西吃。《西游记》第二十回："哥啊，似不得你这喝风呵烟的人！我从跟了师父这几日，长忍半肚饥，你可晓得？"看来，"喝"不仅限于流体物。因此，还可考虑把释文调整为"饮用；吞咽"。

回 huí ⑦ 返回。如：回家；回国；春回大地。唐王翰《凉州词》："醉卧沙场君莫笑，古来征战几人回？"……（第二卷 768 页）

按，唐代用例略晚，这一用法大概在南北朝时期就已经产生。南朝宋武帝刘裕《自君之出矣》诗："思君如日月，回还昼夜生。"《世说新语·捷悟》："世子嘉宾出行，于道上闻信至，急取笺，视竟，寸寸毁裂，便回还更作笺，自陈老病，不堪人间，欲乞闲地自养。"以上"回还"同义连文。《世说新语·雅量》："既风转急，浪猛，诸人皆喧动不坐。公徐云：'如此，将无归？'众人即承响而回。"《世说新语·捷悟》："石头等既疲倦，俄而乘舆回，诸人皆似从官，唯东亭奕奕在前。"

很 hěn ⑥ 副词。表示程度，相当于"甚"、"非常"。《红楼梦》第九十九回："老太太主意很好，何必问我。"（第二卷 883 页）

按，引例为清代语料，偏晚。"很"作程度副词，当始于元代，元明时期都有用例。元《吴文正集·经筵讲义》卷九十："行的好勾当呵，天下百姓心里很快乐。"又："唐太宗是唐家很好底皇帝。"《初刻拍案惊奇》卷二："果要千金也不打紧，只是我大孺人狠，专会作贱人。"另外，程度副词"很"在明代已开始作补语。《西游记》第二十二回："这家子远得很哩。"

康 kāng ⑤ 富裕。《正字通·广部》："康，岁稔也。"唐白居易《和三月三十日四十韵》："杭土丽且康，苏民富而庶。"……（第二卷 955 页）

按，"康"的"富裕，丰足"之义出现的时间要远远早于唐代，可追溯到上古时期。《逸周书·谥法》："丰年好乐曰康。"《诗·周颂·臣工》："明昭上帝，迄用康年。"朱熹集传："康年，犹丰年也。"《尚书·西伯戡黎》："非先王不相我后人，惟王淫戏用自绝。故天弃我，不有康食。""康食"，丰足的粮食。《淮南子·天文》："故三岁而一饥，六岁而一衰，十二岁一康。"此"康"临时用作名词，指丰收之年。

实 shí ① 富裕。《说文·宀部》："实，富也。"段玉裁注："以货物充于屋下，是为实。"《汉书·食货志上》："食足货通，然后国实民富。"（第二卷 1021 页）

按，"实"的此义，并非始于东汉，应略加提前，战国至西汉均有用例。如

《韩非子·亡征》："公家虚而大臣实，正户贫而寄寓富，耕战之士困，末作之民利者，可亡也。""大臣实"，即大臣们富裕。《吕氏春秋·知分》："人亦有困穷乏匮，有充实达遂。"《尹文子·大道下》："农桑以时，仓廪充实，兵甲劲利，封疆修理。强国也。"两例的"充实"犹言充足富实。《礼记·哀公问》："今之君子，好实无厌，淫德不倦，荒怠敖慢。"郑玄注："实，犹富也。"孔颖达疏："实，谓财货充实。"此言贪好富裕不知满足。

局 jú ⑩棋盘。《说文·口部》："局，博所以行棋。"段玉裁注："博当作簙。簙，局戏也。六箸十二棋，簙有局。以行十二棋，局之字象其形。"晋李秀《四维赋》："画纸为局，截木为棋。"……（第二卷1038页）

按，既然《说文》中对"局"已有说解，其最早用例就不应迟至晋朝。事实上，此义西汉即已产生，东汉不乏用例。《史记·吴王濞传》："吴太子师傅皆楚人，轻悍，又素骄，博，争道，不恭，皇太子引博局提吴太子，杀之。""博局"指博弈用的棋盘。《史记·宋微子世家》："十一年秋，湣公与南宫万猎，因博争行，湣公怒，辱之，曰：'始吾敬若；今若，鲁虏也。'万有力，闻此言，遂以局杀湣公于泽。"汉班固《弈旨》："局必方正，像地则也。"《论衡·答佞篇》："贤圣之君，察之审明。若视俎上之脯，指掌中之理，数局上之棋，摘辕中之马。"以上三例中的"局"指棋盘甚明。

居 jū ⑪安。《玉篇·尸部》："居，安也。"《史记·秦始皇本纪》："岂世世贤哉，其势居然也。"……（第二卷1039页）

按，"安"是义项较繁复的单音节词，用作释文欠妥，可考虑调整为"安然；安宁"，此为其一。其二，这一用法的最早例证不应为西汉，实于先秦已经出现。《诗·大雅·公刘》："笃公刘，匪居匪康。"朱熹《集传》："居，安；康，宁。"此言公刘不敢安然歇息。《诗·大雅·生民》："卬盛于豆，于豆于登。其香始升，上帝居歆。"孔颖达疏："上帝则安居而歆飨之。"朱熹《集传》："居，安也。"《诗·小雅·北山》："或燕燕居息，或尽瘁事国。""居息"，安然歇息。《左传·昭公四年》："楚子欲迁许于赖，使斗韦龟与公子弃疾城之而还。……申无宇曰：'楚祸之首，将在此矣。召诸侯而来，伐国而克，城竟莫校，王心不违，民其居乎？'"此"居"用作动词，有安然居处的意思。《吕氏春秋·上农》："轻迁徙，则国家有患，皆有远志，无有居心。"高诱注："居，安也。""居心"，指安宁之心。

张 zhāng ⑤设置；布置。（旧读zhàng）《广雅·释诂三》："张，施也。"

《史记·高祖本纪》:“又与秦军战于蓝田南,益张疑兵旗帜。”(第二卷 1065 页)

按,“张”的这一用法,可以提前到战国时期,而不应晚至西汉。《庄子·天运》:“帝张咸池之乐于洞庭之野,吾始闻之惧,复闻之怠,卒闻之而惑,荡荡默默,乃不自得。”成玄英疏:“张,施也。”“施”就是施设,布置。《荀子·儒效》:“张法而度之,则晻然若合符节:是大儒者也。”“张法”,设置法令。《楚辞·招魂》:“蒻阿拂壁,罗帱张些。”王逸注:“张,施也。”“帱”,即帐,“罗帱张”就是布置好罗帐。《吴子·论将》:“三军之众,百万之师,张设轻重,在于一人,是谓气机。”“张设”,即布置安排,两词同义连用。

子 zi 助词。1. 构词后缀。a. 加在名词之后。如:桌子;刀子。《旧唐书·张濬传》:“贼平之后,方见面子。”……(第二卷 1080 页)

按,据以上书证,“子”作名词的构词后缀始见于宋代。这失之太晚。“子”的这种用法,早在先秦即已出现。不少汉语语法史专家对此曾有所论及,不知何故编者不予考虑。兹撮录比较可靠的部分材料以明之。《诗·鄘风·载驰》:“女子善怀,亦各有行。”《诗·小雅·常棣》:“妻子好合,如鼓瑟琴。”《左传·成公十六年》:“文子执戈逐之,曰:‘国之存亡,天也,童子何知焉?’”《左传·僖公二十二年》:“寡君之使婢子侍执巾栉,以固子也。”《墨子·明鬼下》:“播弃黎老,贼诛孩子。”《战国策·燕策》:“虽大男子,裁如婴儿。”《史记·伍子胥列传》:“两女子争桑相攻,乃大怒,至于两国举兵相伐。”《汉书·西域传》:“乌弋有桃拔、师子、犀牛。”《古诗为焦仲卿妻作》:“却与小姑别,泪落连珠子。”到了魏晋南北朝,后缀“子”应用更为普遍。王力先生《汉语语法史》所举材料甚夥,不赘。

存 cún ② 存在;生存。《玉篇·子部》:“存,在也。”《公羊传·隐公三年》:“有天子存。”何休注:“存,在。”……(第二卷 1082 页)

按,《公羊传》是汉代文献,作为最早例证,略微偏晚。“存”的此义先秦已见。如《易·系辞下》:“是故君子安而不忘危,存而不忘亡,治而不忘乱。”《庄子·德充符》:“死生存亡、穷达贫富、贤与不肖、毁誉、饥渴、寒暑,是事之变、命之行也。”又“今吾来也,犹有尊足者存,吾是以务全之也”。“尊足者存”,意即存在比脚还要尊贵的东西。成玄英疏“存者,在也”。《荀子·非十二子》:“假今之世,饰邪说,文奸言,以枭乱天下,矞宇嵬琐,使天下混然不知是非治乱之所存者有人矣。”杨倞注:“存,在也。”《吕氏春秋·直谏》:“凡国之存也,主之安也,必有以也。”

奶 nǎi ① 乳汁。《红楼梦》第十九回："我的血变的奶，吃的长这么大，如今我吃他一碗牛奶，他就生气了？"……（第二卷 1097 页）

② 乳房。如：奶头。（同上）

按，"奶"字及其"乳汁"、"乳房"等义，应不晚于元代产生，明代的用例甚多。这里将两义之例证一并举出。元杂剧《五侯宴》第一折："他将有乳食的奶子与他孩儿吃，却将那无乳的奶子与俺孩儿吃。""奶子"，即乳房。《灰阑记》第二折："这一日他家接我去与小厮剃胎头，是大娘子抱在怀里，则见她白松松两只料袋也似的大奶奶，必定是养儿子的，才有这奶食。""奶奶"亦指乳房。"奶食"的"奶"，即乳汁。《金瓶梅》五十八回："刘婆子说：'哥儿惊了，住了奶奶。'""奶奶"指乳汁。又，五十四回："官哥只管要哭起来，如意儿恐怕哭醒了李瓶儿，把奶子来教他吃。""奶子"，即乳房。又，第六十七回："西门庆直待篦了头，又教小周儿替他取耳，把奶子放在桌上，只顾不吃。""奶子"指乳汁。《初刻拍案惊奇》卷三四："闻人生又摸去，只见软团团两只奶儿。闻人生想道：'这小长老，又不肥胖，如何有恁般一对好奶？'""奶"指乳房。

妓 jì ④ 俗称卖淫的女子。元陈孚《真州》："翠户妆营妓，红桥税海商。"……（第二卷 1103 页）

按，元代用例偏晚。宋吴自牧《梦粱录》卷十九《闲人》："又有猥下之徒，与妓馆家书写柬帖取送之类。"宋孟元老《东京梦华录》卷二《潘楼东街巷》："向东曰东鸡儿巷，向西曰西鸡儿巷，皆妓馆所居。"宋朱熹《按唐仲友第三状》："自来未尝有知州为妓弟制造衣服，名件不一，违法如此。"宋灌圃耐得翁《都城纪胜·酒肆》："天府诸酒库，每遇寒食节前后开沽煮酒，中秋节前后开沽新酒，各用妓弟，乘骑作三等装束。""妓弟"就是妓女。由以上诸例可知，"妓"的"卖淫女子"之义应不晚于宋代。

本 běn ⑲ 副词。本来；原来。《史记·高祖本纪》："本定天下，诸将及（项）籍也。"……（第三卷 1234 页）

按，"本"的这一副词用法，当始于先秦。《庄子·至乐》："是其始死也，我独何能无概然！察其始而本无生，非徒无生也而本无形，非徒无形也而本无气。"《韩非子·解老》："祸本生于有福，故曰：'福兮祸之所伏。'"《韩非子·忠孝》："臣曰：'孔子本未知孝悌忠顺之道也。'"《吕氏春秋·顺说》："惠盎曰：'夫不敢刺、不敢击，非无其志也。臣有道于此，使人本无其志也。'"

格 gé ⑪ 品质，风度。如：风格；格调。唐窦臮《述书赋》上："精光照

人，气格凌云。"……（第三卷 1289 页）

按，"格"的这一用法引唐代之例偏晚，六朝文献中已见。晋袁宏《后汉纪·桓帝纪上》："膺风格秀整，高自标特，欲以天下风教是非为己任。"《世说新语·德行》："李元礼风格秀整，高自标持，欲以天下名教是非为己任。""风格"指风度，气质。《三国志·魏志·满宠传》："伟以格度知名，官至卫尉。""格度"，品格气度。南朝梁刘勰《文心雕龙·议对》："亦各有美，风格存焉。"《颜氏家训·文章》："古人之文，宏材逸气，体度风格，去今实远，但缉缀疏朴，未为密致耳。"这两例的"风格"均指文章的格调、特色。

概 gài ⑥ 气度；节操。《三国演义》第三十八回："玄德见孔明身长八尺，面如冠玉，头戴纶巾，身披鹤氅，飘飘然有神仙之概。"（第三卷 1347 页）

按，《三国演义》系明代作品，引之为此义例证，太晚。此义早在东汉已见，魏晋时期用例更多。汉杨恽《报孙会宗书》："夫西河魏土，文侯所兴，有段干木、田子方之遗风，凛然皆有节概，知去就之分。""节概"可视为同义连用，"气节"、"节操"之义。晋陶潜《祭从弟敬远文》："于铄我弟，有操有概。孝发幼龄，友自天爱。"江淹《杂体诗·卢中郎感交》："常慕先达概，观古论得失。"李善注："概，志节也。"《后汉书·周黄徐姜申屠列传》："若二三子，可谓识去就之概，候时而处。"李贤注："概，节也。候时以居，不失去就也。"《世说新语·容止》："周侯说王长史父：'形貌既伟，雅怀有概，保而用之，可作诸许物也。'""有概"谓有气概、风度。

权 quán ⑱ 副词。表示情态，相当于"姑且、暂且"。《文选·左思〈魏都赋〉》："权假日以余荣，比朝华而菴蔼。"（第三卷 1416 页）

按，这条引例略晚，"权"的此义应提前到汉代。《史记·五帝本纪》："尧知子丹朱之不肖，不足授天下，于是乃权授舜。""权授舜"，即暂且把天下授予舜。《汉书·王莽传上》："臣闻周成王幼少，周道未成，成王不能共事天地，修文武之烈。周公权而居摄，则周道成，王室安；不居摄，则恐周队失天命。""权而居摄"，即暂且代理国政。

狂 kuáng ⑨ 凶暴。晋陶潜《饮酒二十首》之二十："洙、泗辍微响，漂流逮狂秦。"……（第三卷 1432 页）

按，此条取晋代用例，偏晚，可提前到汉代。《战国策·楚策一》："于是楚王游于云梦，结驷千乘，旌旗蔽日，野火之起也若云蜺，虎嗥之声若雷霆，有狂兕（牛羊）车依轮而至，王亲引弓而射，壹发而殪。"汉班固《西都赋》："穷虎奔突，狂兕触蹶。”“狂兕”，凶暴的犀兕。《汉书·息夫躬传》：“如使狂夫枭呼于东崖，匈奴饮马于渭水，边竟雷动，四野风起，京师虽有武蜂精兵，未有能窥左足而先应者也。”“狂夫”，凶虐残暴者，这里指犯上作乱的人。《论衡·遭虎》：“（虎）禀性狂勃，贪叨饥饿，触自来之人，安能不食!”“狂勃”，同义连文，即凶暴残暴。

歹 dǎi ①恶；坏。与“好”相对。《宣和遗事》前集：“（王安石）尝恍惚见雱身担铁枷，向安石道：‘父亲做歹事，误我受此重罪。’”……（第三卷1479页）

按，《宣和遗事》全称《大宋宣和遗事》，据刘坚先生考证，“我们有理由把这部书看作元代的作品，有可能是宋遗民入元以后所作。”据目前所知的材料看，最早的用例应是唐代的敦煌变文。《敦煌变文集·父母恩重经讲经文》：“若是长行五逆歹人，这身万计应难觅。”又，《维摩诘经讲经文》：“且希居士好调和，不得因循纵病歹。”稍晚一些的《五代史平话》亦有用例。《五代史平话·梁史上》：“若要祸乱时节，天生几个歹人出来搅乱乾坤。”又，“而今盘缠缺乏，无因得回乡故，撞着朱家三个弟弟，邀小人今夜做些歹生活。”“歹生活”，即坏事情。

殊 shū ⑤特殊；特出。《论衡·知实》：“夫圣犹贤也，人之殊者谓之圣。”……（第三卷1486页）

按，“殊”的这一用法始见于先秦，以东汉文献为最早用例偏晚。《庄子·秋水》：“鸱鸺夜撮蚤，察毫末，昼出瞋目而不见丘山，言殊性也。”“殊性”，特殊的本性。《吕氏春秋·侈乐》：“俶诡殊瑰，耳所未尝闻，目所未尝见。”“殊瑰”，特异的瑰丽。《楚辞·天问》：“何冯弓挟矢，殊能将之?”《六韬·王翼》：“将有股肱羽翼七十二人，殊能异技，万事毕矣。”两个“殊能”，都是指特殊的才能。

收 shōu ④收获；收割。《史记·太史公自序》：“夫春生夏长，秋收冬藏，此天道之大经也。”……（第三卷1551页）

按，此义的最早用例可提前到先秦。例如《墨子·七患》：“一谷不收谓之馑，二谷不收谓之旱，三谷不收谓之凶，四谷不收谓之馈，五谷不收谓之饥。”《荀子·天论》：“繁启蕃长于春夏，畜积收藏于秋冬，是又禹桀之所同也。”《吕氏春秋·辨土》：“不知稼者，其耨也，去其兄而养其弟，不收其粟而收其粃。”《吕氏春秋·顺民》：“天大旱，五年不收。”以上例中，“收”的“收获”义十分清楚。

故 gù ⑨死亡。如：身故；病故。《徐霞客游记·黔游日记一》："时沙土官初故。"……（第三卷1557页）

按，《徐霞客游记》为明代文献，作为此义的始见书用例太晚，可提前到汉代。《谷梁传·定公元年》："逾年不言即位，是有故公也；言即位，是无故公也。"范宁注："先君见授，后君乃受。"据范注，"故公"即"先君"，也就是已经死去的国君。《汉书·苏武传》："单于召会武官属，前以降及物故，凡随武还者九人。"颜师古注："物故谓死也，言其同于鬼物而故也。"六朝亦有用例：《世说新语·言语》："故宣武公黜昏暗，登圣明，功超伊、霍，纷纭之议，裁之圣鉴。""故宣武公"，指已经去世的宣武公，即桓温。

⑬副词。……4. 仍然。《抱朴子·内篇·对俗》："江淮间居人为儿时，以龟枝床，至后老死，家人移床而龟故生。"……（同上）

按，据我们所见，至迟在成书于西汉的《战国策》中已有"故"的这种用法。《战国策·东周策》："今君将施于大人，大人轻君；施于小人，小人无可以求，又费财焉。君必施于今之穷士，不必且为大人者，故能得其欲也。"此"故"字，王引之《经传释词》谓："犹'则'也……故能，则能也。"此说不尽妥当。从上下文意看，"故"并非表一般性的因果关系，而是强调某种情况依然存在。此言只要"施于今之穷士"，照样能够达到自己的愿望。"故"释为"依然，仍然"为宜。《战国策·燕策三》："且世有薄于（而）故厚施，行有失而故惠用。"鲍彪注："世虽薄我，我反厚施之；行与我不合，反惠爱、任用之。"据鲍注，"故"似为转折连词。然细绎文意，表转折的是连词"而"而不是副词"故"。此言世人虽薄待我，我却仍然厚施他们；别人行为有失，我却照样惠爱、任用他们。"故"用于此强调了行为的持续不变。汉代其他文献中也有其例：《史记·晋世家》："楚将子玉曰：'王遇晋至厚，今知楚急曹、卫而故伐之，是轻王。'"晋文公明知楚急于拉拢曹国、卫国，却仍然去讨伐他们，这明显是轻视楚王的行为。《史记·魏公子列传》："侯生谓公子曰：'臣所过屠者朱亥，此子贤者，世莫能知，故隐屠间耳。'公子往数请之，朱亥故不复谢公子怪之。"这里两个"故"均为副词，表"仍然，还是"之义。先看前者。"世莫能知"与"隐屠间"并无因果关系。也就是说，朱亥之"隐屠间"并非"世莫能知"造成的，"故"不当释作"因此"。"故"旨在强调朱亥当前的处境，言其仍然隐藏于屠间。第二个"故"字有人释为"故意"，失之。作为地位很低的朱

亥，对魏公子的屡次屈驾拜见竟不回拜，已见其心存故意，倘前面再加一表故意之词，岂不多余？又从“数请之”，证明朱亥之“不复谢”是一仍其旧、不为所动的，才导致了“公子怪之”。因此，将“故”释为“仍然”，方能紧承文意。《风俗通义·隆神》：“兵弩自行，火从篋簏中起，衣物烧尽，而簏故完。”“故完”，言仍然完好无损。《古诗为焦仲卿妻作》：“三日断五匹，大人故嫌迟。”此言婆婆仍嫌其织得慢。

效 xiào ⑥验证；证明。《广雅·释言》：“效，验也。”《广韵·效韵》：“效，效验也。”《淮南子·修务》：“夫歌者，乐之征也；哭者，悲之效也。”……（第三卷1561页）

按，此字义的最早用例可提前到先秦。《荀子·正论》：“天下归之之谓王，天下去之之谓亡。故桀纣无天下，而汤武不弑君，由此效之也。”“效之”验证了前面之言。《荀子·议兵》：“臣请遂道王者诸侯强弱存亡之效、安危之势。”杨倞注：“效，验也。”此言诸侯强弱存亡的验证情况。又，“隆礼、效功，上也；重禄、贵节，次也”。杨倞注：“效，验也。”“效功”，检验战功，然后据以赏罚。《楚辞·怀沙》：“抚情效志兮，冤屈而自抑。”蒋骥注：“效，验也。”“效志”，验证自己的心志，也就是扪心自问的意思。

昏 hūn ②暗，昏暗。晋左思《吴都赋》：“挥袖风飘，而红尘昼昏。”……（第三卷1600页）

按，“昏”的此义在先秦两汉都有较多用例，不应迟至晋代。《老子》十八章：“国家昏乱，有忠臣。”“昏乱”，黑暗混乱。《老子》二十章：“俗人昭昭，我独昏昏。”河上公注：“昏昏，如暗昧也。”“昏”字叠用，与“昏”字单用义同，也是昏暗不明的意思。汉贾谊《惜誓》：“方世俗之幽昏兮，眩白黑之美恶。”“幽昏”同义连用，指昏暗不明。《史记·宋微子世家》：“日月岁时既易，百谷用不成，治用昏不明。”“昏”，指昏暗，黑暗。汉王褒《九怀·陶壅》：“浮云郁兮昼昏，霾土忽兮塺塺。”“昼昏”，指白日昏暗。

決 jué ⑧处死；杀死。《三国志·魏志·仓慈传》：“（仓）慈躬往省阅，料简轻重，自非殊死，但鞭杖遣之，一岁决刑曾不满十人。”（第三卷1687页）

按，“決”（今作“决”）的此义，汉代已有其例。例如《风俗通义·过誉》：“规顾弟，私也；离局，奸也；诱巧，诈也；畏舟，慢也。四罪是矣，杀決可也。”“杀決”同义连用，即处死。《汉书》中，习用“引決”一语，其中“引”，即承受，含有自动意味，且承受的多为不好之事。如“引咎、引过、引罪、引慝”等。“引决”谓自动承受死亡，亦即自杀。可知“决”有杀死义。《汉书·万石君传》：“或劝庆宜引决，庆甚惧，不知所出。”颜师古注：“令自杀。”《王嘉传》：“君侯宜引决。”颜师古注：“令自杀也。”《翟方进传》：“还归，未及引决，上遂赐册……”《叙传下》：“陵不引决，忝世灭姓。”《司马迁传》：“及罪至罔加，不能引决自裁，在尘埃之中。”“引决自裁”同义复语，亦“自杀”之义。

⑬副词。表示肯定，相当于“必定”、“一定”。清洪昇《长生殿·密誓》：“若果后来不背今盟，决当为之绾合。”（第三卷1688页）

按，“决”的这种用法，上古已见其例。引清人材料为证，失之太晚。例如《孔丛子·诘墨》：“吾始谓墨子可疑，今则决不妄不疑矣。”《战国策·秦策四》：“王曰：‘钧吾悔也，宁亡三城而悔，无危咸阳而悔也。寡人决讲矣。’”高诱注：“决，必也。”“决讲”，犹言一定要讲和。《史记·廉颇蔺相如列传》：“相如度秦王虽斋，决负约不偿城。”《汉书·赵充国传》：“虽未即伏辜，兵决可期月而望”。又“虏虽未伏诛，兵决可期月而望”。《论衡·定贤篇》：“子贡之辩胜颜渊，孔子序置于下。实才不能高，口辩机利，人决能称之。”其后的材料如宋胡铨《戊午上高宗封事》：“太后决不可复，渊圣决不可归。”

沮 jǔ ③颓丧；消沉。如：沮丧；气沮。三国魏嵇康《幽愤诗》：“虽曰义直，神辱志沮；澡身沧浪，岂云能补？”（第三卷1689页）

按，此义先秦已有用例。《庄子·逍遥游》：“且举世而誉之而不加劝，举世而非之而不加沮。”成玄英疏：“率土非毁，亦不加其沮丧。”“加沮”，变得消沉。《吕氏春秋·至忠》：“穆行之意，人知之不为劝，人不知不为沮。”“沮”与“劝”对文而义相反，“劝”含受到勉（鼓）励而积极奋发的意思，则“沮”的“消沉，消极”之义显明，此义汉代亦沿用。《潜夫论·劝将》：“今吏从军败没死公事者，以十万数，上不闻吊唁嗟叹之荣名，下又无禄赏之厚实，节士无所劝慕，庸夫无所贪利。此其所以人怀沮解，不肯复死者也。”“沮解”，消沉泄气的意思。《论衡·知实》：“道极命绝，兆象著明；心怀望沮，退而幽思。”“望沮”，不满和颓丧。

沿 yán ③承袭；因循。《篇海类编·地理类·水部》：“沿，循也。”唐魏元同《请吏部各择寮属疏》：“自秦并天下，罢侯置守，汉氏因之，有沿有革。”……（第三卷1704页）

按，举唐朝用例偏晚，此义至迟应不晚于汉代。《礼记·乐记》：“五帝殊时，不相沿乐；三王异世，不相袭礼。”“沿”与“袭”对举而义同，是沿袭、承袭的意思。《逸周书·周月解》：“一文一质，示不相沿。”朱右曾集训校释：“沿，因也。”“不相沿”，谓不相因袭。《史记·乐书》：“礼者，殊事合敬者也；乐者，异文合爱者也。礼乐之情同，故明王以相沿也。”

治 zhì ⑰研究。《晋书·食货志》：“天之所贵者人也，明之所求者学也，治经入官，则君子之道焉。”……（第三卷1714页）

按，此义可提前到汉代。如《战国策·韩策二》：“史疾为韩使楚，楚王问曰：‘客何方所循?’曰：‘治列子圉（御）寇之言。’”此言研读列子御寇的言论。《汉书·隽不疑传》：“隽不疑字曼倩，渤海人也。治《春秋》，为郡文学，进退必以礼，名闻州郡。”《汉书·董仲舒传》：“（董仲舒）少治《春秋》，孝景时为博士。”《论衡·量知》：“能雕琢文书，谓之史匠。夫文吏之学，学治文书也，当与木土之匠同科，安得程于儒生哉!”“学治文书”，犹言学习研究文书写作。

派 pài ③流派，指立场、见解或作风、习气相同的一些人。如：党派；学派。《老残游记》第十一回：“上自三十三天，下至七十二地，人非人等，共总只有两派：一派讲公利的，就是上帝部下的圣贤仙佛，一派讲私利的，就是阿修罗部下的鬼怪妖魔。”……（第三卷1726页）

按，此义引例太晚。从魏晋到唐宋，都可找到文献用例。南朝梁刘勰《文心雕龙·诠赋》：“赋自诗出，分岐异派。”唐李商隐《赠前刘五经映》：“别派驱杨墨，他镳并老庄。”宋程大昌《演繁露·摴蒱》：“摴蒱之名，至晋始著，不知起于何代，要其流派，必自博出也。”宋王十朋《读东坡诗》：“东坡文章冠天下，日月争光薄风雅。谁分宗派故谤伤，蚍蜉撼树不自量。”这些“派”的“流派，派别”义甚明。

按 àn ①用手向下压。《说文·手部》：“按，下也。”段玉裁注：“以手抑之使下也。《印部》云：‘抑，按也。’”唐杨炯《王勃集序》：“壮而不虚，刚而能润，雕而不碎，按而弥坚。”……（第三卷1984页）

按，既然《说文》对“按”已有解释，其用例就不应迟至唐代。可将用例提前到上古。《吕氏春秋·贵信》：“曹刿按剑当两陛之间。”“按剑”，用手往下压着剑。《史记·鲁仲连邹阳列传》：“臣闻明月之珠，夜光之璧，以暗投人于道路，人无不按剑相眄者，何则？无因而至前也。”“按剑”，往下按着剑，言其小心提防之状。《淮南子·精神训》：“病疵瘕者，捧心抑腹，膝上叩头，踡局而谛，通夕不寐。”高诱注：“抑，按也。”“抑腹”，按压腹部。高诱以“按”释“抑”，可见东汉时“按”的“按压”之义已经比较常见。

推 tuī ⑨尊崇；赞许。《字汇·手部》：“推，奖也，奉也。”《晋书·刘寔传》：“天下所共推，则天下士也。”……（第四卷2010页）

⑫审问。《类篇·手部》：“推，穷诘。”元佚名《争报恩》第三折：“如今把姐姐拖到宫中，三推六问，屈打成招。”（同上）

按，“推”的两条义项下所列例证，都失之偏晚，故合在一起论之。其一，义项⑨“尊崇；赞许”义，上古已不乏用例。如《韩非子·人主》：“明主推功而爵禄，称能而官事。”“推功”谓推崇功劳。《淮南子·主术》：“夫举踵天下而得所利，故百姓载之上而弗重也，错之前弗害也，举之而弗高也，推之而弗猒。”高诱注“推，奉也”。“推之”句，意即老百姓夸赞君主而不感到厌烦。《史记·魏其武安侯列传》：“魏其之东朝，盛推灌夫之善，言其醉饱得过，乃丞相以他事诬罪之。”又《太史公自序》：“《春秋》采善贬恶，推三代之德，褒周室，非独刺讥而已也。”司马迁《报任少卿书》：“适会召问，即以此指推言陵之功。”“推言”，用言辞推赞。

其二，义项⑫的“审问”义六朝已广泛使用。例如，《搜神记》卷十六：“不为发冢，愿勿推治。”“推治”谓审问治罪。《三国志·魏志·荀攸》：“攸年十三，疑之，谓叔父衢曰：‘此吏有非常之色，殆将有奸。’衢寤，乃推问，果杀人亡命。”又《吴志·孙坚》：“请收主簿，推问意故。”“推问”意即审问、拷问。又《吴志·孙坚》裴松之注引吴历曰：“黄门、藏吏辞语不同，请付狱推尽。”“推尽”就是审问清楚。勾道兴本《搜神记》卷十七：“即捉王僧送州推勘，事事依实。”“推勘”同义连用，审问之义。

膏 gāo ⑤肥沃。晋潘岳《籍田赋》：“沃野坟腴，膏壤平砥，清洛浊渠，引流激水，遐阡绳直，迩陌如矢。”……（第四卷2256页）

按，引用晋代之例偏晚，此义先秦两汉均见使用。《左传·襄公十九年》：“小国之仰大国也，如百谷之仰膏雨焉。”《吕氏春秋·贵信》：“以此治人，则膏雨甘露降矣，寒暑四时当矣。”“膏雨”，肥美润泽的雨水。《战国策·秦策三》：“秦乌能与齐县衡韩、魏，支分方城膏腴之地以薄郑？”“膏腴”同义连文，肥沃的意思。《史记·货殖列传》：“关中自汧雍以东至河华，膏壤沃野千里。”《汉书·王莽传》：“遣尚书大夫赵并使劳北边，还言五原北假膏壤殖谷，异时常置田官。”颜师古注：“膏壤，言其土地肥美也。”

赢 yíng　⑪ 胜，与“输”相对。《正字通·贝部》：“凡战功博簺胜曰赢，负曰输。”《水浒全传》第三十八回：“倘或赢得几贯钱来，请他一请也好看。”（第四卷 2279 页）

按，此义至迟唐代已产生，宋元亦有用例。唐白居易《放言五首》诗之二：“不信君看弈棋者，输赢须待局终头。”宋晏殊《破阵子》词：“疑怪昨宵春梦好，元是今朝斗草赢。”《新唐书·李光弼传》：“光弼收许州，斩贼赢千级，缚伪将二十二人。”宋《法演禅师语录》卷中：“若论此事，如人博戏相似。忽然赢得，身心欢喜，家业昌盛，覆阴儿孙。不觉输他，自然迷闷。”元李文蔚《燕青博鱼》第二折：“我博了六个镘儿，我赢了也。”

次 cì　② 次序；顺序。《玉篇·欠部》：“次，叙也。”《新书·六术》：“六亲有次，不可相逾。”……（第四卷 2287 页）

按，引用汉代文献偏晚，此义可以提前到先秦。《左传·桓公十三年》：“楚屈瑕伐罗，及鄢，乱次以济，遂无次，且不设备。”“乱次”，乱了次序；“无次”，没有次序。《墨子·旗帜》：“诸有鼓之吏，谨以次应之；当应鼓而不应，不当应鼓而应，主者斩。”“以次”，按照顺序。《吕氏春秋·明理》：“阴阳失次，四时易节。”“失次”，失去正常顺序。

慎 shèn　⑤ 副词。…… 2. 与“勿”、“毋”、“莫”等连用表示禁戒，相当于“务必”、“千万”等。《史记·吕太后本纪》：“慎毋送丧，毋为人所制。”……（第四卷 2336 页）

按，“慎”的这一用法可提前到先秦。《庄子·渔父》：“吾闻之，可与往者，与之至于妙道；不可与往者，不知其道。慎勿与之，身乃无咎。”《荀子·荣辱》：“循法则、度量、刑辟、图籍，不知其义，谨守其数，慎不敢损益也。”《墨子·备穴》：“视外之广陕而为凿井，慎勿失。”《吕氏春秋·音律》：“黄钟之月，土事无作，慎无发盖，以固天闭地，阳气且泄。”这些“慎”都是用在否定词前面，表示禁戒。

忽 hū　⑥ 副词。忽然；突然。《广韵·没韵》：“忽，倏忽。”《列子·汤问》：“凉风忽至。”……（第四卷 2435 页）

按，据近人研究，《列子》应属于魏晋时期的文献，将其作为最早用例欠妥。“忽”的副词用法先秦就已经产生。《楚辞·离骚》：“忽反顾以游目兮，将往观乎四荒。”《楚辞·远游》：“因气变而遂曾举兮，忽神奔而鬼怪。”用副词“忽”作词根与词缀“焉”、“然”构成的复合词的产生时间还要比这早一些。例如，《论语·子罕》："瞻之在前，忽焉在后。"《庄子·知北游》："人生天地之间，若白驹之过隙，忽然而已。"《庄子·天地》："存形穷生，立德明道，非王德者邪！荡荡乎忽然出，勃然动，而万物从之乎？"这些例证不妨作为此义的参考。

忻 xīn ③喜悦；欢欣。《玉篇·心部》："忻，喜也。"三国魏嵇康《声无哀乐论》："夫会宾盈堂，酒酣奏琴，或忻然而欢，或惨尔而泣。"（第四卷2437页）

按，此义的最早用例可提前到先秦。《墨子·经说上》："誉之，必其行也，其言之忻，使人督之。"孙诒让间诂："其言可忻悦也。"《晏子春秋·内篇谏下》："为妻之道，使其众妾皆得欢忻于其夫，谓之不嫉。""欢忻"，同义连文，义同"欢欣"，汉代亦有其例。《史记·管晏列传》："假令晏子而在，余虽为之执鞭，所忻慕焉。""忻慕"，高兴向往之义。汉王充《论衡·明雩》："礼之心悃愊，乐之意欢忻；悃愊以玉帛效心，欢忻以钟鼓验意。"

怪 guài ⑦副词。很；非常。《聊斋志异·公孙九娘》："神情意致，怪似九娘。"……（第四卷2450页）

按，据杨荣祥先生研究，"怪"的这一副词用法，宋代已经产生，不应迟至清代（《近代汉语副词研究》）。例如，《朱子语类》卷十三："'则臣视君如寇雠'，孟子说得来怪差，却是那时说得。""怪差"，很奇怪。宋杨万里《下横山滩头望金华山》："道是兰溪水较宽，兰溪欲到怪生难。""生"是副词词尾。杨万里《清明雨雪来朝晴霁》："清明一雪怪生寒，逗晓新晴雪未残。"到了明代，用例更多。《金瓶梅词话》五十四回："嗓子儿怪疼的要不得。""怪疼"，十分疼痛。看来，"怪"与"很"义有相同处。

恰 qià ④副词。1. 才；刚刚。元李好古《张生煮海》第一折："恰离了澄澄碧海，遥望那耿耿长空。"……（第四卷2459页）

按，此义唐宋时期均有用例。例如，《敦煌变文集·李陵变文》："左右闻语，当即星分。恰至天明，胡兵即至。"又《燕子赋》："者汉大痴，好不自知，恰见宽纵，苟徒过时。"宋《三朝北盟会编》卷十一："恰来皇帝有朝旨，如使人隔关，恐已下燕，不令过关。"宋毛滂《浣溪沙》词："魏紫姚黄欲占春，不教桃杏见清明。残红吹尽恰才晴。"《夷坚志·卷九》："细验所书，墨尚湿。问酒家人，曰：'恰数妇女来共饮，其中一人索笔而书，去犹未远。'"以上例中，"恰才"同义连文，其余几个"恰"义甚明。

情 qíng ⑪真实；诚实。《淮南子·缪称》："凡行戴情，虽过无怨，不戴其

情，虽忠来怨。”高诱注：“情，诚也。”……（第四卷 2476 页）

按，“诚”的此义先秦已见，用汉代的书证偏晚。例如，《易·系辞上》：“圣人立象以尽意，设卦以尽情伪。”《左传·僖公二十八年》：“民之情伪，尽知之矣。”王引之《经义述闻》：“情，诚也。”以上“情伪”对立，指真诚与虚假。《荀子·礼论》：“君者，治辨之主也，文理之原也，情貌之尽也，相率而致隆之，不亦可乎？”杨倞注：“情，忠诚也。”《吕氏春秋·行论》：“庄王曰：‘情矣宋公之言也！’乃为却四十里，而舍于卢门之阖。”此言宋公之言诚实可信。此“情”用作谓语，为强调，置于主语之前。

愚 yú ② 愚弄；欺骗。汉贾谊《过秦论》：“于是废先王之道，燔百家之言，以愚黔首。”……（第四卷 2486 页）

按，“愚”的此义先秦已见。例如，《左传·襄公四年》：“浞行媚于内，而施赂于外，愚弄其民，而虞羿于田。”“愚弄”同义连文。《孙子·九地》：“能愚士卒之耳目，使之无知。”杜牧注：“言使军士非将军之令其他皆不知，如聋如瞽也。”《荀子·非十二子》：“然而其持之有故，其言之成理，足以欺惑（愚众）。”“愚众”，蒙骗众人。《韩非子·难三》：“好恶在所见，臣下之饰奸物以愚其君，必也。”“愚其君”，欺骗其国君。

慕 mù ① 模拟；仿效。《说文·心部》：“慕，习也。”徐锴系传通论：“慕，犹模也，习也，爱而习玩模范之也。”三国蜀诸葛亮《与群下教》：“苟能慕元直之十一，幼宰之殷勤，有忠于国，则亮可少过矣。”……（第四卷 2501 页）

按，既然《说文》中已有此义，最早例证晚至三国就不合理了。事实上，从战国至汉代均有例可证。《楚辞·九辩》：“独耿介而不随兮，愿慕先圣之遗教。”此“慕”指效法、效慕。《说苑·建本》：“昔者东夷慕诸夏之义，有女，其夫死，为之内私婿，终身不嫁。不嫁则不嫁矣，然非贞节之义也。”“慕诸夏之义”就是效法东夏之礼仪。《管子·正世》：“故其位齐也，不慕古，不留今，与时变，与俗化。”“慕古”，即仿效古人。《汉书·地理志下》：“及司马相如游宦京师诸侯，以文辞显于世，乡党慕循其迹。”“慕循”，即效法遵循。《汉书·成帝纪》：“或乃奢侈逸豫，务广第宅……吏民慕效，寖以成俗。”慕效同义连用，共表仿效之义。又《食货志上》：“又动欲慕古，不度时宜，分裂州郡，改职作官。”“慕古”，即效法古代。

慙 cán 羞愧。也作“惭”。《说文·心部》：“慙，媿也。”……《广韵·谈韵》：“慙，愧也。”唐孟浩然《送韩使君除洪府都督》：“无才慙孺子，千里愧同

声。”（第四卷2507页）

惭 cán　同“慙”。《玉篇·心部》：“惭，同慙。”《世说新语·言语》：“寄人国士，心常怀惭。”（第四卷2510页）

按，既然《说文》以“媿”（愧）释“慙”（下统作“惭”），说明“惭”至迟在东汉即有“羞愧”义。其实，这一用法还可上溯到先秦。《尔雅·释言》：“愧，惭也。”《周易·系辞下》：“将叛者，其辞惭。”《左传·昭公三十一年》：“一惭之不忍，而终身惭乎？”《孟子·公孙丑下》：“燕人畔。王曰：‘吾甚惭于孟子。’”《庄子·天地》：“自贡瞒然惭，俯而不对。”汉代亦不乏其例。《史记·仲尼弟子列传》：“子贡惭，不怿而去。”《汉书·王莽传》：“敢为激发之行，处之而惭恧。”《潜夫论·断讼》：“子民守门，号哭啼呼，曾无怵惕惭怍之意。”《论衡·道虚》：“惭愧无言，则言上天。”以上“惭恧”、“惭怍”、“惭愧”均为同义连用。

凭 píng　⑨任；随。《红楼梦》第七回：“凭你什么名医仙药，从不见一点儿效。”（第四卷2517页）

按，“凭”的此义产生应不晚于唐代。唐王建《原上新居》诗之十一：“古碣凭人拓，闲诗任客吟。”“凭”与“任”对举义同。元明时期亦有用例。元杂剧《杀狗劝夫》四：“我每两个都是饱学秀才，倒说我要哄他家私，凭你到那汴梁城里城外问去。”“凭你”，任随你。《西游记》十一出白：“咱今夜师弟四人，凭甚妖怪不怕。”“凭甚”，任随什么。《醒世恒言·蔡瑞虹忍辱报仇》：“众男女一起跪下道：‘金银任凭取去，但求饶命。’”“任凭”，同义连文。

恳 kěn　①诚信；真诚。《玉篇·心部》：“恳，诚也；信也。”唐玄应《一切经音义》卷四引《通俗文》：“至诚曰恳。”《集韵·很韵》：“恳，诚也。”唐薛逢《题筹笔驿》：“《出师表》上留遗恳，犹自千年激壮夫。”（第四卷2525页）

按，梁朝的《玉篇》对“恳”的此义已有解释，引例的产生不应迟至唐代。据考察，其用例可提前到汉魏之际。汉王褒《四子讲德论》：“陈恳诚于本朝之上，行话谈于公卿之门。”“恳诚”，同义连文。《后汉书·东平宪王苍传》：“帝优诏不听。其后数陈乞，辞甚恳切。”“恳切”，真诚殷切。《三国志·魏书·袁绍传》：“（田）丰恳谏，（袁）甚怒，以为沮众，械系之。”“恳谏”，真诚进谏。

将 jiāng　㉒介词。……3. 把。《二程全书·遗书·入关语录》：“公只是仁之理，不可将公便唤做仁。”（第四卷2543页）

按，“将”的这种用法，语法学界谓之是引出工具语的介词，构成处置式。

王力先生在《汉语语法史》中明确指出："处置式确是在唐代就产生了。"我们认为，这种用法还可以上推到六朝时期。例如，三国吴支谦译《佛说义足经》卷上："（王）便谓傍臣：'急将是梵志释逐出我国界去。'"三国吴支谦译《撰集百缘经》卷十："于彼国中，有一比丘，常行劝他，一万岁中，将诸比丘处处供养。"乐府诗《妇病行》："唯将角枕卧，自影啼妆久。"乐府诗《上山采蘼芜》："将缣来比素，新人不如故。"颜之推《还冤志》："奴以斧斫我背，将帽塞口。"隋阇那崛多译《佛本行集经》："我今乃将臭肉身于此泥作大桥梁。"

看 kàn ⑬助词。"看怎么样"的省略，用在动词或动词结构的后面，表示试一试。《水浒全传》第四十二回："赵能道：'说的是，再仔细搜一搜看。'"……（第五卷 2649 页）

按，"看"的这一用法，明代例证太晚，可以提前到六朝时期。例如，《佛本行集经》卷三十一："汝但说看，若可得理，我当方便。"《齐民要术》卷四："更下水，复抨如初，嗅无臭气乃止。"唐宋时亦有用例。唐白居易《眼病》诗之二："人间方药应无疑，争得金篦试刮看。"《敦煌变文集·庐山远公话》："身上有何技艺，消得五百贯钱？至甚不多，略说身上技艺看。"《祖堂集·弘忍和尚》："某甲不识文字，请兄为吾念看。"

眷 juàn ④顾念。《篇海类编·身体类·目部》："眷，顾念也。"晋陶潜《自祭文》："识运知命，畴能罔眷。"……（第五卷 2663 页）

按，"眷"的此义先秦已见，例证不应迟至东晋。《尚书·召诰》："呜呼！天亦哀于四方民，其眷命用懋，王其疾敬德。"孙星衍注疏引《说文》："眷，顾也。""眷命"，顾念国家命运。《尚书·大禹谟》："皇天眷命，奄有四海，为天下君。"蔡沈集传："眷，顾也。"后有"眷眷"、"眷然"，亦可为佐证。《楚辞·九叹·离世》："魂眷眷而独逝。"汉王粲《登楼赋》："情眷眷而怀归兮，孰忧思之可任。""眷"字叠用，表深深眷念的样子。《汉书·王莽传中》："皇天眷然，去汉与新。""眷然"，眷念不舍的样子。

略 lüè ⑧副词。……2. 稍微；略微。《红楼梦》第七十四回："外特寄香袋一个，略表我心。"……（第五卷 2721 页）

按，"略"作为表程度较轻的副词，先秦已见少数用例，汉魏以后渐为普遍，不知何故引清代材料为例。兹援例以明之。《荀子·君道》："远者天下，近者境内，不可不略知也。"《史记·项羽本纪》："于是项梁乃教籍兵法，籍大喜。籍略知其意，又不肯竟学。"《史记·司马相如列传》："虽然，略以子之所闻见而言之。"《论衡·难岁》："今略实论，令世观览，总核是非，使世一悟。"《论衡·讥日》："时日之书，众多非一，略举较著，明其是非，使信天时之人，将一疑而倍之。"《盐铁论·利议》："虽未尽可亶用，宜略有可行者焉。"《三国志·魏志·王朗传》："自汉之初及其中兴，皆于金革略寝之后，然后凤阙猥闶，德阳并起。"《南齐书·高帝纪上》："自轩黄以降，故素所纪，略可言者，莫崇乎尧舜。"唐王度《古镜记》："颇涉史传，略解属文。见度传草，因悲不自胜。"

当 dāng ⑨应该；应当。《字汇·田部》："当，理合如是也。"杨树达《词诠》卷二："当，助动词，直也，应也。今言'该当'、'应当'。"《史记·齐悼惠王世家》："当断不断，反受其乱。"……（第五卷2727页）

按，"当"作助动词，最早用例应在先秦。《左传·宣公十七年》："至享有体荐，宴有折俎。公当享，卿当宴，王室之理也。"《论语·子张》："子夏之门人小子，当洒扫应对进退，则可矣，抑末也。"《庄子·德充符》："自状其过以不当亡者众，不状其过以不当存者寡。"《晏子春秋·杂上四》："昔者婴之所以当诛者宜赏，今所以当赏者宜诛，是故不敢受。"这些例中"当"的"应当"义甚明。

稍 shāo ⑨副词。1. 表示时间状态。a 渐；逐渐。《玉篇·禾部》："稍，渐也。"《史记·殷本纪》："西伯滋大，纣由是稍失权重。"……（第五卷2791页）

按，"稍"作副词表"渐；逐渐"义的引例出现于汉代，似嫌偏晚。据我们考察，这种用法先秦就已产生。《左传·襄公二十八年》："（齐侯）与北郭佐邑六十，受之。与子雅邑，辞多受少。与子尾邑，受而稍致之。公以为忠，故有宠。"例中将北郭佐、子雅与子尾对齐侯授邑的态度列举对比：北郭佐全部接受；子雅接受其中一部分；子尾先接受，然后又逐渐奉还给齐君。子尾的做法十分得体，遂得到齐侯的赏识与宠幸。所以，"稍"无疑是表行为渐进的副词。《墨子·备城门》："疏束树木，令足以柴抟……令其广厚，能任三丈五尺之城以上，以柴木稍杜之，以急为故。"这里讲的是用柴抟加固城墙之事。"急"义为"坚，坚固"；"以急为故"，即以坚固为事。如是，"稍杜之"则指渐渐地、慢慢地填塞好，不然城墙将何固之有？《韩非子·存韩》："臣斯请往见韩王，使来入见；大王见，因内其身而勿遣，稍召其社稷之臣，以与韩人为市，则韩可以深割也。"这是说，先扣下韩王，不让他回去，然后，渐次召集诸大臣，拿韩王做人质，来与其讨价还价。

稀 xī ⑤副词。用在形容词前，表示程度深，相当于"极"。《红楼梦》第五十四回："已预备下稀嫩的野鸡。"……（第五卷2793页）

按，"稀"作副词，元明时已有用例。元尚仲贤《气英布》第一折："必不似郦生卖齐，被油锅烹来稀烂。”“稀烂”，烂到极点。《金瓶梅词话》二十五回：“叵耐来旺儿昨日不知那里吃的稀醉了，在前边大吆小喝，指猪骂狗。”“稀醉”，极度地醉。《二刻拍案惊奇》卷八：“郑十将他捏一把，扯他到一个稀空的所在站下了。”“稀空”，非常空旷。又，“稀”与“希”混用，可为参考。元石德玉《曲江池》第三折：“天啊，这叫化头子腌腌臢臢希臭的，你还想和他作伴！”“希臭”，甚臭。

竟 jìng ② 终了；完毕。如：未竟之业。《玉篇·音部》：“竟，终也。”《汉书·韩信传》：“公，小人，为德不竟。”……（第五卷2900页）

按，“竟”的此义为动词，其最早用例应略微提前。《庄子·齐物论》：“忘年忘义，振于无竟，故寓诸无竟。”成玄英疏：“竟，穷也。”即穷尽、终结之义。《逸周书·常训》：“夫礼非克不承，非乐不竟。”朱右曾集训校释：“竟，终也。”《大戴礼记·卫将军文子》：“不学其貌，竟其德，敦其言，于人也无所不信。”王聘珍解诂：“竟，尽也。《乐记》曰：‘德者，性之端也。’竟其德者，尽其性也。”此“竟”是“终了”、“终竟”之义。

窝 wō ⑦ 藏匿。《字汇·穴部》：“窝，藏也。”《警世通言·金令史美婢酬秀童》：“你偷库内这四锭元宝，藏于何处？窝在那家？”（第五卷2924页）

按，此义最早书证举明代材料，实则宋元时期即已产生。宋欧阳修《河北奉使奏草卷下》：“近年不住申报盗贼群火极多，盖缘盗贼必先须乡村各有宿食窝藏之处，及所得赃物，常有转卖寄附之家。”元曲选《气英布》一折：“谁似你这一片横心恶胆天来大！没来由引将狼虎屋中窝。”《玉壶春》三折：“陈玉英，你是我紧邻，你窝藏着我女儿在这里……我和你告官去！”以上例中的“窝”，其“藏匿”之义甚明。

要 yào ⑪ 连词。1. 表示假设关系，相当于“如果”、“若是”。《红楼梦》第六回：“没有什么说的便罢；要有话，只管回二奶奶，和太太是一样儿的。”……（第五卷2999页）

按，“要”作假设连词，至迟应出现在唐代。《敦煌变文·无常经讲经文》：“若要欲得眼亲逢，学取经文便合同。”“若要”同义连文，表示假设。宋代用例，如陈亮《祭何茂恭文》：“要不能无遗憾于死生，安得取而投之豺虎！”《河南程氏遗书》卷二：“然没此理，要有此理，除是死也。”《朱子语类》卷一：“要与贤说无，何故圣人却说有？要与贤说有，贤又来问某讨，说只说到这里，要人自看得。”

处 chǔ ⑮ 处置；办理。《三国志·魏志·诸葛亮传》：“将军量力而处

之。”……（第五卷 3017 页）

按，“处”的此义，先秦已见，引例不应迟至六朝。《左传·文公十八年》：“则以观德，德以处事，事以度功，功以食民。”《国语·鲁语下》：“朝夕处事，犹恐忘先人之业。”“处事”，即处理事情。《荀子·非相》：“谈说之术，矜庄以莅之，端诚以处之，坚强以持之。”汉代亦多其例。《史记·鲁仲连邹阳列传》：“此两计者，显名厚实也，愿公详计而审处一焉。”又《李斯列传》：“善者因祸生福，君何处焉？”《汉书·薛宣传》：“宣知惠不能，留彭城数日，案行舍中，处置什器，观视园菜，终不问惠以吏事。”“处置”乃同义连用。

箭 jiàn　② 搭在弓上发射的武器。古代多用竹制，杆长二三尺，装上尖头，杆末梢附有羽毛。如：箭靶；一箭双雕。《方言》卷九：“箭，自关而东谓之矢……关西曰箭。”《释名·释兵》：“矢，又谓之箭。”《急就篇》卷三：“弓弩箭矢铠兜鉾。”颜师古注：“以竹为箭，以木为矢。”唐杜甫《兵车行》：“车辚辚，马萧萧，行人弓箭各在腰。”……（第五卷 3194 页）

按，既然西汉扬雄的《方言》中已收录“箭”字，并作了解释，再选取晚至唐代的材料作为最早的实际用例，就是疏失了。“箭”的此义用例可提前到战国时期，汉代以后亦不乏其例。例如，《韩非子·十过》：“吾城郭已治，守备已具，钱粟已足，甲兵有余，吾奈无箭何？”《吕氏春秋·季春》：“命师工令百工审五库之量，金铁、皮革筋、角齿、羽箭干、脂胶丹漆，无或不良。”《战国策·齐策五》：“坚箭利金，不得弦机之利，则不能远杀矣。”司马相如《子虚赋》：“左乌号之雕弓，右夏服之劲箭。”《史记·平津侯主父列传》：“今天下锻甲砥剑，桥箭累弦，转输运粮，未见休时，此天下之所共忧也。”《论衡·增儒篇》：“及其中兽，不过数寸，跌误中石，不能内锋，箭摧折矣。”

简 jiǎn　⑭ 少。唐韩愈《送浮屠文畅师序》：“夫兽深居而简出，惧物之为己害也。”（第五卷 3217 页）

按，“简”字此义先秦已有用例，而所引书证为唐代，时间太晚。例如《庄子·人间世》：“其作始也简，其将毕也巨。”成玄英疏：“初起简少，后必巨大。”《韩非子·八说》：“书约而弟子辩，法省而民讼简。”“民讼简”就是民讼少。汉魏之际，用例更多，如《淮南子·人间训》：“令尹子国啜羹而热，投卮浆而沃之……子朱曰：‘令尹轻行而简礼。’”“简礼”，缺少礼节。《文选·范晔〈后汉书皇后纪论〉》：“高祖帷薄不修，孝文衽席无辩。然而选纳尚简，饰玩少华。”吕向注：“简，少也。”此言这两个皇帝选纳妃嫔还不多。

举 jǔ ㉚借贷。宋曾慥《类说》卷七："每乡人举债，必收利数倍。"（第六卷3245页）

按，《孟子·滕文公上》："为民父母，使民盻盻然。将终岁勤动，不得以养其父母。又称贷而益之。"东汉赵岐注："称，举也，言民勤身动作，终岁不得以养食其父母。公赋当毕，有不足者，又当举贷子倍而益满之。"赵岐以"举"释"称"，又以"举贷"同义连文来补充说明，可知东汉时，"举"的"借贷"义已经出现。魏晋时期的文献中，此义亦不鲜见。三国魏曹植《灵芝篇》："举假以供养，佣作致甘肥。"《三国志·魏志·明帝纪》裴松之注引《魏略》："故富者倾家荡产，贫者举假贷贯，贵买生口以赎其妻。"以上"举假"同义连用，即向人借钱。《北齐书·李元忠传》："其家人在乡，多有举贷求利。""举贷"亦同义连用，指借钱出去。《梁书·王志传》："京师有寡妇，无子，姑亡，举债以殓葬。""举债"，即借债。

臭 chòu ②秽恶难闻的气味。《玉篇·自部》："臭，恶气息。"三国魏曹植《与杨德祖书》："兰茝荪蕙之芳，众人之所好，而海畔有逐臭之夫。"……（第六卷3249页）

按，"臭"本义是用鼻子闻，后引申泛指气味，再由此义引申而范围缩小，专指难闻的气味。这一转变并非始于三国，战国时期即已出现。《庄子·知北游》："是其所美者为神奇，其所恶者为臭腐。臭腐复化为神奇，神奇复化为臭腐。故日，通天下一气耳。""臭腐"同义连用。《荀子·正名》："甘苦咸淡辛酸奇味以口异，香臭芬郁腥臊洒酸奇臭以鼻异。"例中的"奇臭"指奇异的气味，而"香臭"对举，其"臭"无疑指难闻的气味。又《王霸》："故人之情，口好味，而臭味莫美焉。""臭味"义与今同。汉代用例渐多。《说苑·尊贤》："厨中有臭肉，则门下无死士。"《史记·秦始皇本纪》："会暑，上辒车臭，乃诏从官令车载一石鲍鱼，以乱其臭。"此例前一"臭"是动词，发出臭味，后一"臭"指难闻的气味。《盐铁论·论灾》："故不知味者，以芬香为臭。"《周礼·天官·内饔》："辨腥臊膻香之不可食者。"东汉郑玄注："腥臊膻香可食者，是别其不可食者，则所谓者皆臭味也。"

被 bèi ①被子。如：棉被；毛巾被。《说文·衣部》："被，寝衣。"《玉篇·衣部》："被，衾也。"《论语·乡党》："必有寝衣，长一身有半。"何晏集解引孔安国曰："今之被也。"唐李白《寄远十二首》之十一："床中绣被卷不寝，至今三载闻余香。"……（第六卷3288页）

按，《说文》释“被”为“寝衣”，正是其本义。然此条下书证为汉代孔安国的注文及唐诗用例，其年代均偏晚。“被”表“寝衣”，始见于战国，汉代亦不乏用例。例如，《楚辞·招魂》：“翡翠珠被，烂齐光些。”王逸注：“被，衾也。”《吕氏春秋·节丧》：“舆马衣被戈剑，不可胜其数。”“衣被”并列，显然是指衣服被子。《战国策·楚策一》：“秦地半天下，兵敌四国，被山带河，四塞以为固。”鲍彪注：“被，寝衣也，喻其亘延。”“被山”，以大山作为被子，这里的“被”活用为动词。《诗经·召南·小星》：“肃肃宵征，抱衾与裯，寔命不犹。”毛传：“衾，被也。裯，禅（单）被也。”毛传以“被”释“衾”和“裯”，可知汉代“被”已用作被子的通语。《史记·卢绾列传》：“（卢绾）从东击项籍，以太尉常从，出入卧内，衣被饮食赏赐，群臣莫敢望。”《汉书·王章传》：“章疾病无被，卧牛衣中。”

粪 fèn ②屎，大便。从肛门排泄出来的经过消化的食物的渣滓。《正字通·米部》：“粪者，屎之别名。”《梁书·儒林传·範缜》：“人之生譬如一树花，同发一枝，俱开一蒂，随风而堕，自有拂帘幌坠于茵席之上，自有关篱墙落于粪溷之侧。”（第六卷 3367 页）

按，首先，释文过于烦琐。用“屎，大便”即可，后面添加的话似乎多余。其次，作为姓氏字，“範”应为“范”，它们之间不是繁简字关系。此条主要问题是，引唐代姚思廉撰《梁书》为最早例证，年代偏晚。《说文》：“菌，粪也。”《玉篇》：“菌，粪也。亦作‘矢’，俗为‘屎’。”《说文》以“粪”字释“（屎）”，可见东汉时期两者已是同义词。语言材料亦可提供确证，如《风俗通义·怪神》：“女孙年三四岁亡之，求不能得，二三日乃于清中粪下啼。”“清”字同“圊”，即厕所，而厕所里的“粪”是为“粪便”无疑。《吴越春秋·勾践入臣外传》：“吴王登远台，望见越王及夫人，范蠡坐于马粪之旁，君臣之礼存，夫妇之仪具。”又，“愿大王请求问疾，得见，因求其粪而尝之，观其颜色”。又，“今臣窃尝大王之粪，其恶味苦且楚酸”。六朝亦有其例，《抱朴子·黄白》：“阴干一月，乃以马粪火煴之。”《后汉书·耿弇传》：“恭于城中穿井十五丈不得水，吏士渴之，笮马粪汁而饮之。”《世说新语·规箴》：“王平子年十四五，见王夷甫妻郭氏贪欲，令婢路上儋粪。平子谏之，并言不可。”

肃 sù ⑨清除。毛泽东《关于正确处理人民内部矛盾的问题》：“我们的方针是：‘有反必肃，有错必纠。’”（第六卷 3378 页）

按，“肃”的此义并非现代才产生，中古以降均可见用例。例如，《魏书·元鸾传》："北州土广，奸乱是由，准法寻愆，应加肃黜。""肃黜"，清除贬废。唐杨巨源《送裴中丞出使》诗："龙韬何必陈三略，虎旅由来肃万方。""肃万方"，肃清平定万方。宋曾巩《襄州到任表》："臣昨治济南，最为烦剧，野有群行之盗，里多武断之豪，驯致肃清，始熄凶残之害。""肃清"，清除干净坏人坏事。元郑光祖《三战吕布》第四折："三兄弟今日战退吕布，肃靖边关，俺保社稷之坚固，立家邦之永昌，方显大将之能也。""肃靖"，清扫平定。

苦 kǔ　⑯ 副词。1. 表示程度，相当于"甚"、"很"。《三国志·吴志·吴主传》："人言苦不可信，朕为诸君破家保之。"……（第六卷 3396 页）

按，"苦"表示程度很高，先秦两汉均见使用，最早用例不应晚至六朝时期。例如，《荀子·非相》："莫不呼天啼哭，苦伤其今而后悔其始。""苦伤"，犹言甚伤。《吕氏春秋·博志》："尹儒学御三年，而不得焉，苦痛之。"高诱注："痛，悼也。""苦痛"，犹言甚为伤悼。《战国策·韩策一》："此安危之要，国家之大事也。臣请深惟而苦思之。""苦思"，犹言深思，很好地谋思。汉曹操《短歌行》："譬如朝露，去日苦多。""苦多"，即十分多见。

莽 mǎng　④ 粗率；冒失。如：鲁莽；莽撞；莽和尚。明陈确《哭祝子开美四首》之三："单身骂贼独何莽，十里索良亦大愚。"……（第六卷 3428 页）

按，"莽"的此义，明代用例偏晚，可以提前到唐代。唐白居易《归田》诗："吾闻老农言，为稼慎在初。所施不卤莽，其报必有余。""卤莽"同义连用，粗疏、粗率的意思。唐杜甫《空囊》诗："世人共卤莽，吾道属艰难。"《敦煌变文集·父母恩重讲经文》："回干就湿是寻常，哺乳三年非卤莽。"寒山诗："男儿大丈夫，作事莫卤莽。劲挺铁石心，直取菩萨路。"以上"卤莽"，亦为同义连用。宋王安石《答司马谏议书》："重念君实视遇厚，于反覆不宜卤莽。"此言对于书信回复不应草率、随意。宋文天祥《文山先生全集·先君子革斋先生事实》："命意时，娓娓谈他事，若莽于寻绎。"元周文质《时新乐》曲："张飞莽撞，大闹卧龙岗。"

著 zhuó　② 穿上。《广韵·药韵》："著，服衣于身。"《礼记·曲礼上》："就屦，跪而举之。"汉郑玄注："就，犹著也。"《古诗为焦仲卿妻作》："著我绣夹裙，事事四五通。"……（第六卷 3442 页）

按，郑玄注及所引诗句，都是东汉语料，其年代均嫌偏晚。"著"字此义的最早用例可以提前到先秦。例如，《晏子春秋·内篇杂上》："著衣冠，令其友操剑，奉笥而从，造于君庭。"《吕氏春秋·士节》："今晏子见疑，吾将以身死白之。著衣冠，令其友操剑奉笥而从，造于君庭。"两例的"著衣冠"，都指穿戴好衣冠。

西汉亦不乏其例。《说苑·尊贤》："赐愿著缟衣白冠，陈说白刃之间，解两国之患，独赐能耳。"《史记·司马相如列传》："相如身自著犊鼻裈，与保庸杂作，涤器于市中。"以上"著"的对象都是服饰之类，"穿"义甚明。

累 lèi ⑧疲劳；疲惫。《清平山堂话本·快嘴李翠莲记》："受得辛苦吃得累。"……（第六卷3604页）

按，"累"的这一用法其实产生很早，不知何故，所引用例竟晚至明代。先秦例证，如《庄子·让王》："虽富贵不以养伤身，虽贫贱不以利累形。""累"用作使动；"累形"，使身体劳累。《韩非子·外储说右上》："吾欲以国累子，子必勿泄也。"此"累"亦用作使动，使子劳累，即"烦劳"之义。《韩非子·大体》："古之全大体者……不以智累心，不以私累己。"这里是"牵累、劳累"的意思。汉代以后的例证，如《管子·形势》："起居不时，饮食不节，寒暑不适，则形体累而寿命损。"《广异记》："夜后闻草中虎行，寻而虎至庙庭，跳跃变成男子，衣冠甚丽，堂中有人问云：'今夕文何尔累悴？'""累悴"，疲惫憔悴。

缴 jiǎo 交纳。清朱骏声《说文通训定声·小部》："敫（系在下），字亦作缴。假借为交。按今用为缴纳字。"《古今小说·沈小霞相会出师表》："就所在地方，讨个病状回缴。"（第六卷3690页）

按，这一用法虽属晚起义，但至迟宋代已见用例，不应晚至明朝。《能改斋漫录》卷十一《记诗·曾郎中献秦益公十绝句》："曾郎中惇时守黄州，献《书事十绝句》于秦益公。秦缴进于上，上喜，与升擢差遣，任满，除台州。""缴进"，即上交，呈献。宋曾巩《请给中书舍人印及合与不合通签中书外省事札子》："五月六日送中书外省施行讫，即却缴送合属去处。""缴送"，犹言交纳送给。宋苏辙《为兄轼下狱上书》："向者曾经臣寮缴进，陛下置而不问。"宋王明清《玉照新志》卷三："（何兑）以所作行状缴纳，乞付史馆立传。"王明清《挥麈后录》卷十："邦衡在新兴尝赋词，郡守张棣缴上之，以谓讪谤。"

起 qǐ ⑰兴建。《汉书·郊祀志下》："起步寿宫。"……（第六卷3707页）

按，"起"表建造、兴建之义的年代，还可以略微提前。据我们所知，先秦已有用例，到西汉时期亦见承用，不应忽略。《晏子春秋·内篇谏下》："楚灵王不废乾溪之役，起章华之台。"《史记·孝武本纪》："勇之乃曰：'越俗有火灾，复起屋必以大，用胜服之。'于是作建章宫，度为千门万户。""起屋"，即兴建房屋，其后"作建章宫"尤可佐证。《史记·外戚世家》："薄太后后文帝二年，以孝景帝前二年崩，葬南陵。以吕后会葬长陵，故特自起陵，近孝文皇后霸陵。""起陵"，即建造陵墓。

贫 pín ②匮乏，缺乏。如：贫油；贫血。《文心雕龙·练字》：“富于万篇，贫于一字。”（第七卷3867页）

按，“贫”的此义，上古时期即已产生。如《诗经·卫风·氓》：“自我徂尔，三岁食贫。”郑玄笺：“女家乏谷食，已三岁贫矣。”“食贫”，即食物匮乏。《战国策·齐策四》：“齐人有冯谖者，贫乏不能自存。”《论衡·定贤》：“管仲分财取多，无廉让之节；贫乏不足，志义废也。”以上“贫乏”同义连用，泛指缺少钱财食物等。《论衡·自纪篇》：“盖文多胜寡，财富愈贫。”“愈贫”，即更加匮乏。

购 gòu ④买。明宋应星《天工开物·序》：“欲购奇考证，而乏洛下之资。”（第七卷3895页）

按，“购”的“购买”义属后起义，但在唐宋时期已经产生，引用明代的例证显然偏晚。例如，唐裴铏《传奇·萧旷》：“若有胡人购之，非万金不可。”《旧唐书·褚遂良传》：“太宗尝出王府金帛购求王羲之书迹。”“购求”，购买求取。宋米芾《书史》：“晋贤十四帖，检校太师李玮于侍中王贻永家购得第一帖。”“购得”，买到。宋苏轼《论高丽进奉状》：“使者所至，图画山川，购买书籍。”

见 jiàn ⑬用在动词前面，有称代作用，等于前置的“我”。晋李密《陈情表》：“生孩六月，慈父见背。”（第七卷3905页）

⑭用在动词前表示客气。《镜花缘》第六十回：“兰音道：‘莫非此处另有甘泉？何不见赐一盏？’”臧克家《自己的写照》：“说来或者你不见信。”（同上）

按，为方便计，这里将“见”字的两条义项存在的问题放在一起讨论。我们认为，首先，从概括性考虑，义项⑭可与⑬合并，因为两者的语法功能并无大异。“见赐”犹言“赐予我”，“见信”犹言“相信我（说的）”。这种用法，而今尚存，如见谅、见笑、见怪、见赠等，这种古代用法的残留，带有古雅含蓄的色彩，不一定都含有客气的意味，因此不必另立。其次，“见”具有指代作用，并非迟至晋代产生，且不限于指代第一人称，还可指代第三人称。这种用法先秦两汉已见用例。例如，《晏子春秋·外篇第八》：“臣愿有君而见畏，有妻而见归，有子而可遗。”“见畏”，即害怕他；“见归”，即归依他。《韩非子·喻老》：“庄王不为小害善，故有大名；不蚤见示，故有大功。”“见示”，即显示他自己。《史记·儒林列传》：“及汤为御史大夫，以儿宽为掾，荐之天子。天子见问，说之。”“见问”，即询问他。汉刘向《列女传·齐宿瘤女》：“（闵王）使使者加金百镒，往聘迎之。父母惊惶，欲洗沐，加衣裳。女曰：‘如是见王，则变容更服，不见识也，请死不往。’于是如故随使者。”“不见识”，言齐王不会认识我。汉司马相如《上林赋》：“鄙人固陋，不知忌讳；乃今日见教，谨受命矣。”“见教”，犹言教诲我。《汉书·云敞传》：“莽长子宇，非莽鬲绝卫氏，恐帝长大后见怨；宇与吴章谋，夜以血涂莽门。”“见怨”，怨恨自己王氏家人。

那 nǎ　代词。表示疑问，后作“哪”。《晋书·谢安传附谢玄》：“玄常称曰：‘我尚生瑍，瑍那得生灵运?’”……（第七卷4008页）

按，《晋书》为唐代房玄龄撰，应视为唐代的文献材料。王力先生指出，“那”作为疑问代词，产生于汉末。（《汉语语法史》）惜王力先生仅举以下两例书证：《孔雀东南飞》：“处分适兄意，那得自任专?”“生人作死别，恨恨那可论。”吕叔湘先生指出，“那”作疑问代词，“在《世说新语》和南北朝民歌中它已经很普遍；我们不妨假定它的起源在汉魏之际或更早”。（《近代汉语指代词》）吕先生所举六朝用例，如《搜神记·崔少府墓》：“我衣恶，那得见少府?”《三国志·魏书·刘晔传》：“晔年十三，谓兄涣曰：‘亡母之言，可以行矣。’涣曰：‘那可尔!’”《世说新语·德行》：“谢公夫人教儿，问太傅：‘那得初不见君教儿?’”惜吕先生未举东汉材料。今补充几条东汉时期的语料。《东汉观记·刘玄载记》：“更始夫人曰：‘莽不如此，帝那得为之?’”东汉安世高译《道地经》：“已无有中当那得住？已不得住当那得生？已不得生当那得老病死？生死如流水，不行生死业便死。”东汉安世高译《阿毗昙五法行经》：“万物皆因缘生，断因缘不复生，当那得此因缘？持意念道。”东汉支曜译《小道地缈》：“要当先知是因缘，当那得分别知因缘何从起尽?”

阿 ā　① 助词。名词词头，多用予姓名称谓之前。宋赵彦卫《云麓漫钞》卷十：“古人多言阿字，如秦皇阿房宫，汉武阿娇金屋。晋尤甚，阿戎、阿连等语极多，唐人号武后为陈武婆，妇人无名，以姓加阿字。”按：《汉书·贾山传》“阿房之殿”颜师古训“阿”为“近”，与称谓名词异。《三国志·蜀志·庞统传》：“先主曰：‘向者之论，阿谁为失?’”《古辞·木兰诗二首》之一：“阿爷无大儿，木兰无长兄。”……（第七卷4432页）

按，为便于讨论，不烦较全面地称引原说。从上所引可知，编者对于“阿”作名词词头始于何时，似乎游移不定。从例证看，盖定在六朝时期。据现有资料，六朝偏晚。清顾炎武《日知录》卷三十二“阿”字条下指出：“《隶释》汉《殽坑碑》阴云：其间四十人，皆字其名，而系以阿字。如刘兴阿兴、潘京阿京之类，必编户民，未尝表其德。书石者欲其整齐而强加之，犹今闾巷之妇，以阿挈其姓也。”

据顾炎武之言，“阿”作为名词词头，当产生于汉代。兹补充一些语言材料，以证顾说之可信。例如，《史记·范雎蔡泽列传》：“居深宫之中，不离阿保之手。”“保”，即保母。《礼记·内则》：“保受乃负之。”郑玄注：“保，保母。”《汉书·游侠传》：“过寡妇左阿君，置酒歌讴。”汉班固《汉武帝内传》：“帝不知上元夫人何神人也，又见侍女下殿，俄失所在。须臾，郭侍女返。上元夫人又遣侍女答曰，云：‘阿环再拜。’”汉郭宪《洞冥记》卷一：“俄有黄翁指阿母以告朔曰：‘昔为吾妻，托形为太白之精。’”这里“阿母”指西王母。汉戴良《失父零丁》诗：“今月七日失阿爹，念此酷毒可痛伤。”《全后汉文》卷三十八载《风俗通义》佚文：“庞俭父艾氏女字阿横。”汉乐府《十五从军行》：“道逢乡里人，家中有阿谁？”又“羹饭一时熟，不知贻阿谁？”东汉支娄迦谶译《杂譬喻经》：“有一老母，名阿龙。”汉蔡琰《悲愤》诗：“阿母常仁恻，念何更不慈。”《汉武故事》：“若得阿娇作妇，当作金屋贮之。”

身 shēn ⑦代词。第一人称，相当于“我”。《尔雅·释诂下》：“身，我也。”又“朕、余、躬，身也”。郭璞注：“今人亦自呼为身。”《三国志·蜀志·张飞传》：“飞据水断桥，瞋目横矛曰：‘身是张益德也，可来共决死！’”……（第七卷4059页）

按，《尔雅》中两次提及“身”有第一人称代词的用法，看来不是随意为之，应有一定的语料依据。然此条的书证最早取自六朝文献，则未能提供与《尔雅》年代相应的例证材料。事实上，先秦后期的文献中已有用例可证。代词《韩非子·奸劫弑臣》：“楚庄王之弟春申君有爱妾曰余，春申君之正妻子曰甲。余欲君之弃其妻也，因自伤其身以视君而泣，曰：‘得为君之妾，甚幸。虽然，适夫人非所以事君也，适君非所以事夫人也。身故不肖，力不足以适二主，其势不俱适，与其死夫人所者，不若赐死君前。’”“身故不肖”是春申君爱妾自陈之言，“身”只能视为第一人称代词。《韩非子·五蠹》：“鲁人从军战，三战三北，仲尼问其故，对曰：‘吾有老父，身死，莫之养也。’”“身死”犹言假如我死了。《楚辞·哀时命》：“身既不容于浊世兮，不知进退之宜当。”“身”乃作者庄忌自称。《老子》三十七章：“化而欲作，吾将镇之以无名之朴。”汉河上公注：“吾，身也。”《孟子·尽心下》：“孟子曰：‘万物皆备于我矣。’”东汉赵岐注：“我，身也。”以上两例中，汉代注释家河上公与赵岐分别以“身”注释“吾”、“我”，可见“身”作第一人称代词在汉代已经比较通用了。

遮 zhē ③代词。相当于“这”。清翟灏《通俗编·语辞》：“这个，这亦作遮。”章炳麟《新方言·释词》：“《说文》：‘者，别事词也。’禅人语录多作遮。”宋苏轼《十二时中偈》：“百衮油铛里，恣把心肝煠。遮个在其中，不寒亦不热。”……（第七卷 4134 页）

按，“遮”是近指代词“这”在早期使用的异体字，其最早用例应在唐代，字典选取宋代用例则偏晚。《敦煌变文集·韩擒虎话本》：“叵耐遮贼，临阵交锋，识认亲情，坏却阿奴社稷。”又“叵耐遮贼心生为倍，效乱中圆，今日把来，有甚李说”。唐王定保《唐摭言》卷五：“遮阿师更不要见，便把拽出得。”

谢 xiè ⑥告诉。《集韵·祃韵》：“谢，告也。”《篇海类编·人事类·言部》：“以辞相告曰谢。”《史记·张耳陈余列传》：“有厮养卒谢其舍中曰：‘吾为公说燕，与赵王载归。’”（第七卷 4269 页）

按，所引“谢”训“告诉”的例证最早出现于汉代，实际上，这一义项于先秦已有人使用。例如，《左传·襄公三十一年》：“赵孟问其县大夫，则其属也。召之而谢过焉，曰：‘武不才，任君之大事，以晋国之多虞，不能由吾子，使吾子辱在泥涂久矣，武之罪也。敢谢不才。’”又《襄公三十一年》：“赵文子曰：‘信。我实不德，而以隶人之垣以赢诸侯，是吾罪也。’使士文伯谢不敏焉。”又《昭公七年》：“燕人行成，曰：‘敝邑知罪，敢不听命？先君之敝器谢罪。’”以上例中，“谢过”即告知过错，“谢罪”即告罪。“敢谢不才”、“谢不敏”之语，《左传》又作“敢告不敏”（《成公二年》）、“敢告不吊”（《襄公二十三年》），可证“谢”与“告”同义。《晏子春秋·内篇问上》：“请卑辞重币，以说于诸侯，轻罪省功，以谢于百姓，其可乎？”“谢于百姓”，即告知百姓。《吕氏春秋·知士》：“静郭君至，因请相之。静郭君辞，不得已而受。十日，谢病强辞。”“谢病”犹言以病相告。

头 tou 后缀。1. 用于名词或谓词之后。如：苗头；念头；甜头。清翟灏《通俗编·语词》：“头：头亦助词也。即人体言，眉曰眉头，鼻曰鼻头，舌亦曰舌头，指亦曰指头。器用之属，则如钵头，把头，用之尤甚多也。”唐杜甫《秋雨叹》：“木头生耳黍穗黑，农夫田父无消息。”……2. 用于表示方位的词之后。清翟灏《通俗编》卷三十三：“头，世言里头外头之属。”唐刘禹锡《酬乐天扬州初逢席上见赠》：“沉舟侧畔千帆过，病树前头万木春。”（第八卷 4661 页）

按，首先，“头”作为词缀有明显的共性特征，从义项的概括性考虑，没有必要将其分为两类；况且，方位词也是名词，这样划分亦不妥当。两条应当合并起来。其次，两条下面的例证都是唐代的，年代略为偏晚。汉语语法史的研究成果表明，“头”的这一用法在汉末魏晋时期已经产生，不知何故，《汉语大字典》未予吸收。例如，汉乐府《陌上桑》：“东方千余骑，夫婿居上头。”“头”已无实义。《尔雅·释草》：“芍，凫茈。”晋郭璞注：“生下田，苗似龙须而细，根如指头，黑色可食。”晋干宝《搜神记》卷十八：“后人有见此狸出坑头，掘之，无复尾焉。”《世说新语·轻诋》：“相王好事，不可使阿讷在坐。”《水经注》卷二十八：“水中有物，如三四岁小儿，鳞甲如鲮鲤……膝头似虎，掌爪常没水中，出膝头。小儿不知，欲取弄戏，便杀人。”《齐民要术》卷六：“刮取车轴头脂作饼子，著疮上。”这些“头”无疑都应视为词缀。

五、《汉语大字典》释义有关问题讨论

《汉语大字典》单字释义小议[①]

全面地反映汉字字义演变的历史，尤其是字义在古代的兴衰更替等情况，是大型汉语字典的重要任务之一。编写大型汉语字典，离不开古代丰富的书面语料，如文章著述、字典辞书以及注疏故训等。众所周知，古代汉语，尤其是上古汉语中，单音节词占绝大多数，上古汉语书面语中的一个词也往往用一个汉字来记录。所以，古代的辞典、注疏，也都常以单字为释，即以某字释另一字。可见，单字释义是古代辞书中十分常见的释义方式。

单字释义的方式简短明快，在当时，作为重要的释义手段，具有不可替代的作用。即使在今天，仍然不失其功用和价值。现代辞典编纂实践表明，编写大型语文辞书，若完全抛弃单字释义方式，事实上是做不到的。笔者考察了多种注释古代汉语的辞书，发现它们都不同程度地存在着单字释义的情况，首倡“避免以一字释一字”、“尽量以多字释一字”（《龙虫并雕斋文集》）的王力先生，其主编的《王力古汉语字典》也不例外。这反映了单字为释的方式存在的合理性和可取之处。然而，汉语词汇毕竟走在一条由以单音节词为主向以双音节词为主发展的道路上。在今天，单字作为字义的解释单位，其缺陷与不足是毋庸讳言的。比如，单字字义宽泛、一字含多义、一字记多词的现象容易产生歧义；单字释义以同义字相释，这种“浑言”式释义往往掩盖了同义词之间的差别，只能明其同而不能辨其异，因而难以准确把握词义的特点。以上这些缺陷常为现代学者所诟病。单字释义产生的问题主要在对古代字义的解释上。为此，当今涉及古代汉语的大型语文辞书的编纂者都在积极探索实践，力图克服单字释义的种种弊端，同时也取得了一定的成绩。但是，学界对单字释义的优劣得失问题目前仍缺乏较为全面的、透彻的总结，不免令人遗憾。有鉴于此，本书第五部分将对《汉语大字典》中以单字释义的问题进行

---

① 此部分原载《语文研究》2004 年第 4 期，内容有所改动。

考察，通过总结其成功的经验，讨论其存在的不足，为字典编纂及修订提供参考。为方便计算，此部分对“字”和“词”一般不予严格区分。引用《大字典》的材料只注页码，不标卷数。

（一）

作为一部兼收古今、源流并重的大型汉语字典，《大字典》存在一个不可回避的问题，就是在释义时，研究者该如何整理、借鉴古代流传下来的辞书、故训中存在的大量芜杂的单字释义的材料。同时，还要考虑充分发挥单字释义的优势，使释文在准确性、简明性、区别性、通俗性等方面达到统一。我们认为《大字典》采用的以下几种释义方法是可取的。

（1）用反义词对举的方法补充说明。

利用反义词来观察同义词之间的差异，是辨析古代同义词的重要方法。这种方法为学界所习用。《大字典》正是借鉴了这一方法，通过反义字对比衬托，使释文的意义范围因受到限制而得以确定，也使词义更趋清晰明朗。这种情况多集中在动词、形容词上。例如：

上 ⑯ 重，与“轻”相反。（第一卷 6 页）

直 ④ 竖，与“横”相对。（第一卷 71 页）

却 ⑦ 仰，与“覆”相对。（第一卷 348 页）

衡 ④ 横，与“直”相对。（第二卷 909 页）

多 ② 重，与“轻”相对。（第二卷 925 页）

比 ② 密，与“稀”、“疏”相对。（第三卷 1518 页）

正 ⑭ 嫡，与“庶”相对。（第三卷 1539 页）

昆 ③ 后，与“先”相对。（第三卷 1597 页）

生 ⑨ 活，与“死”相对。（第五卷 2758 页）

（2）选用意义较单一的字为释。

一般来说，单义字意义明确、稳定，用作释文是比较理想的。它容易排除歧义，便于读者查阅时确认字义。所谓单义，应当是放宽式的，不宜过于死板。只要该字的主要意义在现代占有优势，这个意义作为释文便很容易被读者理解、接受，其他冷僻义则难以喧宾夺主，因而一般不会使人无所适从，产生歧解。《大字典》中也出现了不少意义较单一的字作为释文。例如：

予（yú）我。（第一卷 60 页）　　作 ② 始。（第一卷 168 页）

亡④死。（第一卷307页）函①舌。（第一卷339页）

卵①蛋。（第一卷344页）姬③妾。（第二卷1124页）

曼⑤无。（第三卷1622页）溲②尿。（第三卷1680页）

泣②哭。（第三卷1707页）灭②熄。（第三卷1818页）

滞④久。（第三卷1843页）漫⑲慢。（第三卷1846页）

泽⑪搓。（第三卷1882页）沈①汁。（第三卷1909页）

(3) 使用今人所熟悉的字。

用作释文的单字，其主要意义较通俗，有些用作释文的字与被释字如今已组成同义复词，因而极易使人联想到两者之间的相同点。加之释文下面配有贴切的书证，一般也能使人较为方便地理解与掌握。《大字典》这类例子不少。例如：

巨②大。（第一卷94页）使⑤用。（第一卷179页）

僚①官。（第一卷257页）充④满。（第一卷293页）

凌①冰。（第一卷327页）刃③杀。（第一卷350页）

刈⑤杀。（第一卷354页）坦①平。（第一卷463页）

契⑦刻。（第一卷580页）吸②饮。（第二卷632页）

崇②高。（第二卷809页）漆⑥黑。（第三卷1839页）

(4) 使用两个义同、义近的单字来释义。

两个义同、义近的单字并列使用，一方面，意义交叉，互为补充，突出了两者的共同点，进而使被释字的意义得到彰显；另一方面，两个单字可互相限定、制约，有效地排除了产生歧义的可能，提高了释义的准确性。这种方式十分便捷简明，因而成了《大字典》单字释义的主体方式，发挥了很好的作用。例如：

世⑧年；岁。（第一卷161页）厖⑤杂；乱。（第一卷82页）

介⑥佑；助。（第一卷135页）佳①美；好。（第一卷177页）

倦③衰；减。（第一卷221页）切①割；截。（第一卷351页）

坐④乘；搭。（第一卷455页）均③等；同。（第一卷457页）

央④久；远。（第一卷567页）彻③通；穿。（第二卷907页）

多④贤；好。（第二卷925页）廉⑧少；寡。（第二卷961页）

殛①诛；杀。（第三卷1491页）替④更；代。（第三卷1625页）

暮③迟；晚。（第三卷1639页）稠①多；密。（第五卷2799页）

荷①扛；担。（第六卷3432页）饶②余；剩。（第八卷4764页）

需要说明的是，以上方法并非全属《大字典》首创或独用，但《大字典》较好地将其运用于字义的解释上，弥补了单字释义的某些不足，这是值得肯定的。

（二）

以上我们简述了《大字典》利用单字释义的成功做法。但是我们必须看到，在双音节词、多音节词占主导地位的今天，面对古代文献中的大量字词，单字释义仍存在诸多先天不足，释义时稍有不慎，就会造成失误。除了前面提到的为当今学者诟病的几点硬伤之外，笔者认为，在单字释义中，还有一些普遍存在的问题尚未很好地被解决，需引起注意。下面我们从《大字典》中略举数端，分类辨析讨论。

（1）两个单字共作释文的问题。

如上所述，用两个单字共作释文运用方便，行之有效，但要真正做到妥帖合理，则非易事。首先，两个单字的意义对于今人而言，应当是十分熟悉的常义。其次，两个字意义的共同点应比较显明，一看即知。此外，两个单字的词性必须是一致的。总之，这种方式要求甚严，应慎用。试举《大字典》中几处处理欠妥的例子：

假 jiǎ ①借；贷。《广雅·释诂二》："假，借也。"《集韵·祃韵》："假，以物贷人也。"《左传·成公二年》："唯器与名，不可以假人。"孔颖达疏："唯车服之器与爵号之名不可以借人也。"《后汉书·孝安帝纪》："癸巳，诏以鸿池假与贫民。"李贤注："假，借也。"《辽史·文学传上·萧韩家奴》："求假于人，则十倍其息，至有鬻子割田，不能偿还者。"（第一卷234页）

按，"借"和"贷"均为施受同辞，既有"借出"、"借与"义，又有"借入"、"借进"义。而两个单字本身是无法反映其兼具的对立义的。从引用的例证来看，《左传》、《后汉书》的"假"义为"借出"，而《辽史》的"假"义为"借入"。虽然靠例证大致可以了解"假"义兼施受的特点，然而这样一来，又会给人造成"假"的"借入"义晚于"借出"义的错觉——因为《辽史》要迟于《左传》。实际上，"假"的施受两义是同时产生的。《左传·僖公二年》："（晋荀息）假道于虞以伐虢。"《韩非子·说林上》中"假人于越而救溺子，越人虽善游，子必不生矣"是其例。因此"假"的这一义项最好分为"借出"与"借入"两义。

平 píng ⑪治；成。《尔雅·释诂下》："平，成也。"《书·大禹谟》："地平天成。"孔传："水土治曰平。"孔颖达疏："平、成义同。"《公羊传·隐公元年》："公将平国而反之桓。"何休注："平，治也。"《吕氏春秋·有始》："知合知成，知离知生，则天地平矣。"高诱注："平，成也。"（第一卷443页）

按，用“治”、“成”两个单字作为“平”的释文，对今人来说，比较陌生，加之引用的古代辞书、注释亦多以单字为释，更叫人不明所以。其次，“治”和“成”的含义都很广泛，很难使人联想到两者的共同点或相似处。将这样两个单音字糅合在同一释文中，意义甚为含混。看看这几条例证：“地平”是言土地整治得好，“平国”盖谓治理好国家，“天地平”则谓天地形成。综上，可以考虑将该义项调整为“治好；形成”。

涤 dí ②除；净。《广韵·锡韵》：“涤，除也，净也。”清段玉裁《说文解字注·水部》：“涤，引申为凡清净之词。”《诗·豳风·七月》：“九月肃霜，十月涤场。”毛传：“涤，埽也。”汉张衡《东京赋》：“进明德而崇业，涤饕餮之贪欲。”唐白居易《松声》：“一闻涤炎暑，再听破昏烦。”《西游记》第九回：“涤虑洗心名利少，闲攀蓼穗蒹葭草。”（第四卷1821页）

按，撇开“除”、“净”都含多义而使人无所适从不谈，单就这两个字今之常义及词性看，也不当置于同一释文中。因为“除”是除掉、清除，为动词；而“净”则是干净，为形容词。词性不同而共作释文，违背了释文同一性的原则。再从所引的几条例证来看，无一不是动词。而释文中出现形容词，则使释义与例证乖迕。这样处理，是受了《广韵》释义的影响。《广韵》中的“净”，很可能是使动用法，“使之净”的意思。然而这一特点，单靠“净”字自身是无法显示出来的。《大字典》照搬过来，不妥。又，段玉裁所谓“清净”，当是清除干净的意思，为动词。段注不误。为此，可以考虑把释义调整为“清除；去掉”。

（2）以古释古、以难释难的问题。

用作释文的单字大多取自古代辞书、故训旧注。这类释文采用的是古时的雅言通语，在当时是浅显易明的。然而，由于时过境迁，当时的雅言通语，现在看来已是“古代汉语”，不少的释文亦成了古词、古义。辞典释义的基本要求是以浅注深、以今释古、以易明难。若对古代训诂材料不细加斟酌，将那些与今义有别的单字照搬到释文中，就会造成以古释古、以难释难的现象，给读者带来困惑，甚至引起误解。试举《大字典》几条疏误如下：

倒 dào ③欺；诬。《吕氏春秋·明理》：“弟兄相诬，知交相倒。”许维遹集释：“马叙伦曰：《史记·韩世家》：‘不如出吾以到之。’索隐：‘倒，欺也。’此相倒亦谓相欺，与相诬义同。”（第一卷211页）

按，《史记·韩世家》作“出兵”而不是“出吾”，《大字典》引文有误；司马贞索隐作“到”而非“倒”，马叙伦引文亦误。再看释文“欺；诬”，颇令人费解。今"欺"有"欺骗"和"欺负"两个常义，"诬"则只有"诬蔑"义。两者今义相去甚远，没有相同点可言，不应置于同一条释文中。编者这里照搬了"诬"在古代的一个常义"说谎，欺骗"。《广雅·释诂二》："诬，欺也。"《玉篇·言部》："诬，欺罔也。"古书其例甚多，此不赘举。然此义今已消失，不应再将其与"欺"搭配在一起构成义项。这条释文可考虑调整为"欺骗，欺诈"。

疲 pí ③极。《广雅·释诂一》："疲，极也。"（第五卷 2856 页）

按，由于编者不明"极"的古义，且未找到合适的例证，但又不忍割爱，于是照录列出。查检"极"字现代的诸多义项，均与"疲"义无法搭界，因而这条释文亦令人困惑。此乃"极"的古义。《吕氏春秋·论人》："故知知一，则可动作当务，与时周旋，不可极也。""不可极"，不可使疲困。《战国策·齐策三》："兔极于前，犬废于后。犬兔俱罢，各死其处。"此为疾犬韩子卢追逐狡兔东郭逡的一则寓言。"罢"通"疲"。犬与兔均因疲困而死去，"疲"无疑指疲劳不堪。汉王褒《圣主得贤臣颂》的"庸人之御驽马……胸喘肤汗，人极马倦"将"极"与"倦"对举，"疲困"之义甚明。《吕氏春秋·慎人》："宰予备矣。"高诱注："备当作惫。惫，极也。"《论语·尧曰》："四海困穷，天禄永终。"何晏集解引苞氏曰："困，极也。"《玉篇·口部》："困，极也。"古人以"极"释"惫"、"困"，可见"疲困，疲劳"在当时还是"极"的常义。"极"的此义当由"极点，尽头"之义引申而来。综上，"极"义不当单立，应合并到义项①"劳累；困乏"之中。

废 fèi ⑲替。《字汇》："废，替也。"（第二卷 970 页）

按，此条以单字"替"释之，后面又没有例证补充说明，使人不知其义为何。这亦是因不明古义而以古释古。"替"的今之常义是"代替"，也用作介词。这似乎都与"废"义相去较远。《尔雅·释诂下》："废，止也。"郭璞注："替、废，皆止住也。"如是，这条不当单立，宜并入义项⑥"停止；中止"之中。由此可见，不明古义，以古释古，还会影响字典义项的概括和设置。

（3）用现代不成词语素释义的问题。

用现代语言学、辞典学的观点看，用作释文的最小语言单位应当是词而不是语素。词汇是不断变化的，古代不少的单字，现在已经变成合成词的语素。这里面又分为两种情况：一是这个字既充当语素，又可独立使用，是成词语素；二是这个字只能充当语素，或者绝大多数情况下充当语素，仅在少数特殊场合才能独立使用，是不成词语素。《大字典》有时忽略了词汇的古今变化，用不成词语素作为释文，这就违背了释义的基本原则，必然使人难以理解。这类情况甚多，限于篇幅，仅举一例：

允 yǔn ④佞。《尔雅·释诂下》："允，佞也。"郭璞注："'允、信'者，佞人似信。"《书·多士》："惟天不畀允罔固乱，弼我，我岂敢求位?"孙星衍疏："允者，《释诂》云：'佞也。'"（第一卷290页）

按，被释字"允"今仅用在"允许"、"公允"等组合中，很少单用，因而其义不显；而用作释文的"佞"，其义比"允"还要冷僻晦涩，仅见于"奸佞"、"佞人"等少数合成词中，属于不成词语素。以"佞"释"允"，既是以难训难，也是以语素义充当字义，没有给读者提供明确有用的信息。俞樾《群经平议·〈尔雅·释诂一〉》："'允，佞也。'按，允之为佞，乃巧谄之义也。""巧谄"，即巧言谄媚，俞樾的解释略进了一步。邵晋涵《尔雅正义》对此说得更清楚一些："允训为信，又训为佞者，《逸周书·宝典解》云：'展允干信。'是'允'为不信，反复相训也。"邵晋涵点明"允"的此义是"信"的反面，由其"信"反训而得，可取。综上，此项释文当并入"谄谀；谄媚"的义项之中。

当然，区分成词语素与不成词语素，是一件相当复杂的事情。但是，明确树立这种意识，慎用现在很少单独使用的字作为释文，无疑会大大提高字典释义的质量。

《汉语大字典》单字释义问题再议[①]

编写全面反映汉字字义发展演变的大型语文字典，就必须对众多纷繁芜杂的故训旧注及古代辞书中的材料进行爬梳整理，合理取舍。在古代训诂资料中，单音节字的释义材料占了较大的比重，具有不可替代的参考价值。《汉语大字典》后出转精，在编纂中较好地继承、借鉴了古代单字释义的方法和材料，并有所改进、创新，有效地提高了字典质量。我们对此曾予以提及，此不赘述。

但是应该看到，由于单字表义存在着先天不足，在双音词乃至多音词占优势的今天，单字用作释文终难避免诸多弊端。因而，在时贤评议《大字典》疏误的文章中，因单字释义处理不当而产生的问题常居于比较突出的位置。目前学界对这一问题虽有所论及，但尚缺少比较集中、深入的研究。为此，此部分拟作一些研讨。由于人们普遍对《大字典》的典范性、权威性、规范性及指导性寄予厚望，因而

① 此部分原载《语言研究》2006年第1期，内容有所改动。

对其质量的要求也就非同一般。基于此，我们对某些问题的批评难免吹毛求疵，过于苛刻，当然，有的可能是笔者有误或看法有别，提出来，旨在引起争议讨论，还望高人达士不吝指教。

（一）

两个义同、义近的单字并用释义，是《大字典》重要的释文方式。两个单音节的字若选择得当，搭配合理，则可互为补充、相得益彰。但是，对这一释文方式务须从严掌握。两个字的相同点应比较显明突出，且为今人所习见，一看便知。《大字典》中有不少精彩的例子值得肯定。但毋庸讳言，缺憾亦不少见。究其原因，一方面是编者为了存古，以增添释义的权威性，便将故训的单字释义直接取用。由于斟酌不够，取舍欠妥，或将今已陌生甚至消亡的古义置于释文中，造成释文一古一今，不伦不类；或将意义相隔较远的两个字凑在一起，以致义不相谐；或将不成词语素充当释文，导致义不显豁等。另一方面，是由于故训本身含糊，编者未予妥当梳理；也可能由于故训有误，编者失察，导致释文以讹传讹。下面举例分述之。

佐 zuǒ ④劝；助。《国语·晋语九》：“召之，使佐食。比已食，三叹。”韦昭注：“佐，犹劝也。”《汉书·高帝纪》：“置酒沛宫，悉召故人父老子弟佐酒。”颜师古注引应劭曰：“佐酒，助行酒。”（第一卷164页）

按，以今释古是字典释义的基本要求。虽然“佐”在古注中有“劝”、“助”两种释义，但不考虑其今义，就照搬取用，是靠不住的。“劝”的今之常义为“劝阻”，“助”则为“帮助，协助”，两者之义相去较远，怎能组合在同一义项中？编者或许是取用了“劝”的古代常义“勉励，鼓励”，然而，这既不合以今释古的原则，又与“助”字义不相容。再看引例中的“佐”字，同进食饮酒连在一起的，若取上面的种种意思为释，都不大合适。“劝阻”也好，“帮助”也好，都是组合后被赋予的语义，而非“佐”本身之义。我们认为，“佐”当是“陪侍、作陪”的意思。“佐食”，即陪伴进食，“佐酒”，即陪着饮酒。酒席宴会有人陪伴，才能使客人尽兴惬意。罗维明先生考证，“助”在古书中有“陪伴；陪同”义（《中古语词拾诂》）。例如，《史记·外戚世家》：“于是窦后持之而泣，泣涕交横下。侍御左右皆伏地泣，助皇后悲哀。”此言陪着皇后悲伤流泪。罗文引例甚丰，此不赘引。由此可知，应劭的“助行酒”可资参考，韦昭以“劝”释“佐”则不足为据。综上，可将释文调为“陪侍，陪同”。

信 xìn ⑪明；审。《玉篇·言部》：“信，明也。”《左传·昭公二十五年》：

“戮力壹心，好恶同之，信罪之有无。”杜预注：“信，明也。”《国语·周语下》：“言以信名。”韦昭注：“信，审也。”《吕氏春秋·禁塞》：“下称五伯名士之谋，以信其事。”高诱注：“信，明也。”（第一卷165页）

按，这条释文直接取自古代辞书、注释的释义。以今之常义，“明”为“明白”，“审”为“审查”、“审讯”、“周密”等，显然两者义相隔较远，不宜同置释文中。编者这样处理，盖因不忍割舍韦注所致。然韦昭之注毕竟是以三国时期的通语作释的，“审”，即详知、明白。《说文》：“审，悉也。”而此义如今已成古义，只是偶尔作为语素出现在“审悉”等少数合成词中，因而这种义较陌生的单字不宜用作现代汉语字典释文。而《大字典》所引用例中的“信”均为动词，乃“明白，知悉”之义。其中，“言以信名”，即通过“言”去知悉其“名”。由是言之，如再概括一点，可将此条与义项⑭“知晓”合并为“明白；知晓”。

坎 kǎn ⑧忧；恨。《太玄·内》：“次三，尔仪而悲，坎我西阶。”范望注：“坎，忧也。”《楚辞·刘向〈九叹·离世〉》：“哀仆夫之坎毒兮，屡遭忧而逢患。”王逸注：“坎，恨也。”（第一卷457页）

按，“忧”今常义为“忧愁，忧伤”等，而“恨”则为“怨恨，仇恨”，即使在上古时期，“恨”的常义也是“遗憾，不满”等。因此，两字不宜糅合在同一释文中。细绎之，王逸之注亦未必允当。从所引用《楚辞》之例看，诗中抒写的是忧愁哀伤。上句用“哀”字打头，下句则以“忧”和“患”承之。根据诗意，“坎”字似与“遗憾，仇恨”等义无涉。“坎”当指忧伤。“坎毒”，即忧伤痛苦。“坎”何以有此义呢?《广雅·释诂一》：“惂，忧也。”王念孙疏证补正：“欿、惂并与坎通。”朱骏声《说文通训定声》：“坎，叚借又为惂。”由此而知，“坎”可通“惂”。《说文》：“惂，忧困也。”所以，应将释文调整为“忧伤，忧愁”。

困 kùn ②尽；极。《广雅·释诂一》：“困，极也。”《论语·尧曰》：“四海困穷，天禄永终。”何晏集解：“困，极也。”《国语·越语下》：“日困而还，月盈而匡。”清王夫之《张子正蒙注·三十篇》：“困之中必有通焉，穷则变，变则通。”（第二卷769页）

按，“尽”的今之常义是“完全，穷尽”等，将它与“极”合为释文，盖取“极”今之常义，即“极点，极尽”。看来，这是误解了故训。《广雅》及何晏集解以单字“极”释“困”，乃为“极”的古义，此义今已少见。而编者未审，便搬用其古义凑于释文中。考察此项所引诸例，后两例中的“困”，是“极尽，穷尽”之义，而前两例的“困”则应按“疲困，困乏”理解。“极”在古代有“困”义，当今不少学者著述中均有所提及。兹举两例，《史记·淮阴侯列传》：“能千里而袭我，亦已罢极。”“罢”通“疲”，是“疲极”同义连文。《圣主得贤臣颂》：“胸喘肤汗，人极马倦。”“极”与“倦”对文而义同。综上，这条释文应考虑一分为二，前两例归入义项④“精力不济；疲倦”中，后两例则当另设“极尽；穷尽”之义项。

咸 xián ②协；同。《诗·鲁颂·閟宫》：“敦商之旅，克咸厥功。”郑玄笺：“咸，同也。”《天工开物·舟车·杂舟》：“舟中鸣鼓若竞渡，挽人从山石中闻鼓声而咸力。”（第三卷1507页）

按，对于今人来说，“咸”的此义比较生疏，查检此条后仍让人困惑。因为其一，“协”现在基本上不独立使用，属于不成词语素，其语素义主要是“协助”；“同”义则多而复杂。将这两个单字捏合在一起，其义难以概括确定，且在释文中这样排列，易使人产生对其义，即“协同”的误解。其二，众人对《诗经》此例中“咸”字的训释向有歧见。郑玄笺：“咸，同也。……能同其功于先祖也。”郑玄以“同”训“咸”难以圆通，只好增字为释，显然不可取。清马瑞辰《毛诗传笺通释》谓：“‘克咸厥功’，犹云克备厥功，亦即克成厥功也。”马瑞辰以“备”、“成”释“咸”，是把“咸”视为动词，较为合理。因为“咸”字前面有助动词“克”修饰。这里的“咸”乃临时用法，是共同完成的意思。可见，郑、马两说并非如隔霄壤。例二的“咸力”，即共同出力、一起用力。编者取“协”字，可能受了“咸力”可以理解成“协力”的影响。实际上，“咸力”的“力”是动词而非名词，“咸”不宜释为“协”。据此，这条释文应去掉“协”，调整为“同，共同”。

旸 yáng ③晴；曝。《玉篇·日部》：“旸，日干物也。”《书·洪范》：“曰雨，曰旸。”孔传：“雨以润物，旸以干物。”《论衡·寒温》：“雨，旦旸反寒；旸，旦雨反温。”《农政全书·浙江水利》：“青海周官海之流，亦罔潴蓄，以故一旦恒旸，赤地千里，而莫之救也。”（第三卷1633页）

按，“曝”字古今之义均指“曝晒”，虽然与天晴、晴朗义有关联，但与“晴”置于同一释文中仍不符合概括性的要求，并且“曝”字毕竟今不常用，即令“旸”有此义，也当用“晒”字表达，方才通俗浅白。根据几条书证考察，释文用“曝”字恐为蛇足。编者这样处理，可能对《玉篇》的释义还未达一间。《玉篇》以“日干物”释“旸”，采用描写式释义方式。所谓“日干物”，即太阳晒干万物，那就是指“天晴”。综合所引诸例分析，这条释文当调整为“天晴；晴朗”。

灵 líng ③福，祐。《广雅·释言》：“灵，福也。”《玉篇·玉部》：“灵，祐也。”《左传·隐公三年》：“若以大夫之灵，得保首领以没，先君若问与夷，其将何辞以对?”《汉书·董仲舒传》：“受天之祐，享鬼神之灵。”南朝顾野王《进〈玉篇〉启》：“是故仁风所扇，九服蒙灵；正朔可班，四荒怀德。”（第六卷4349页）

按，“福”的今之常义为“福气、幸福”，是名词。“祐”字今则较冷僻，盖与“佑”同源，今与“佑”字合并，其义为“保佑”，是动词。“福”与“祐”两字义不相同，词性不类，是不能归入一条释文中的。这是编者照搬辞书古义而未予深察所致。《说文》：“祐，助也。”无疑是动词。从所引几条例证看，这些“灵”都是作名词用的。诚然，“祐”在古代有“福”义，作名词。如《论衡·福虚》：“埋一蛇获二福，如埋十蛇得几祐乎?”然这毕竟是古义，且非古之常用义，用作现代释文，当然不妥。因此，这条释文当改为“福分；福气”。

（二）

《大字典》的释文中，不乏单音节与双音节甚至多音节的字合起来构成的方式。这种释义方式亦便于发挥古今参照、难易互补的优势，用时也可增强义项的概括性和意义的确定性。然而要合宜处理，亦非易事。我们认为，其难点仍主要集中在单字字义上。《大字典》在这方面出现的问题，概括起来，主要包括以古释古，把僻字、难字以及如今不成词的字与现代通俗明白的释义杂糅在同一条释文中等。究其原因，仍多与迁就故训或者不明故训有关。例如：

刘 liú ③尅，征服。《尔雅·释诂下》：“刘，克也。”《逸周书·世俘》：“则咸刘商王纣，执矢恶臣百人。”孔晁注：“刘，尅也。”（第一卷392页）

按，编者为了迁就古注，将单音节且意义较冷僻的“尅”与“征服”凑在一起，使得释文一古一今，失之和谐。且“尅”为“克”的异体，选取今已不通用的“尅”字为释文，亦不合释文用字规范的要求。“克”有“战胜，征服”义。《尔雅·释诂上》：“克，胜也。”不过，此乃其古义，今已消失；同时，“克”在古代的意义亦较纷繁，用作释文，亦不便把握。将其调整为“战胜，征服”，就浅显多了。

勠 lù ②勉；尽量用出（力量）。《玉篇·力部》：“勠，陈力于人也。”《书·汤诰》：“聿求元圣，与之勠力，以与尔有众请命。”孔颖达疏：“勠力，犹勉力也。”晋陆机《文赋》：“是以或竭情而多悔，或率意而寡尤。虽兹物之在我，非余力之所勠。”（第一卷413页）

按，“勉”字今单用之义是“勉励”，如“自勉、互勉”等，余则多作为语素出现。而用于释文的“勉”义对今人来说，无疑是较为陌生的古义，阑入释文则近乎蛇足，反而增添了理解的困难。我们认为，不必因孔疏中有“勉力”之言，就将“勉”字搬到字典的释文中。孔疏的“勉”当为“尽力”，义与“尽量用出(力量)”同。如是，“勉”字就没有取用的必要了。

衅 xìn ⑪离，遭遇。一说通“兴”。兴起。《国语·晋语九》：“昔先祖文子少衅于难。”韦昭注：“衅，犹离也。”俞樾平议：“衅，当读为兴。《礼记·文王世子篇》：‘既兴器用币。’郑玄注曰：‘兴当为衅字之误也。’其实兴与衅亦声近而通用……衅于难即兴起于患难之中也。”（第一卷397页）

按，此条采用了两说。根据文意，俞樾谓“衅”通“兴”之说并不合宜，其言通假的依据亦有不足。这里不作具体评说。我们赞同韦昭的解释。需要讨论的是，“离”在古代确有“遭遇”义，此义乃通“罹”字而得。韦昭取通假字作为注文，对于今人来说，理解起来当然不易。作为字典释文，对这类古注必须慎重对待：要么不选，要么应作必要的说明。不然，将会徒增读者的负担。同时，“离”的今之常义同“遭遇”相隔甚远，放在同条释文中，显然不协。故应将“离”字去掉。

定 dìng ④凝；专注。《字汇·宀部》：“定，凝也。”《太平广记》卷六引《洞冥记》：“臣举手拭之，恐水湿席，定视乃光也。”《老残游记》第二十回：“那人定神一看，说：‘不是老残哥吗？怎样在此地？’”（第二卷985页）

按，“凝”字古代可独立成词，这是毋庸置疑的。然此义在今天只是作为语素保留在“凝神”、“凝视”等合成词中。因此，释文不宜将其与“专注”搭配在一起。为了增强释义的可信度，在书证中引用故训是必要的，但不考虑古今差异，便将故训搬入释文中，反而造成古今杂糅、义不清晰，可谓事与愿违，所以，“凝”字当去掉。

犯 fàn ②突；袭击。《小尔雅·广言》：“犯，突也。”葛其仁疏证：“《荀子·王霸篇》‘汗漫突盗’注：‘突，谓相陵犯也。’犯之为突，转相训。”《左传·桓公五年》：“陈乱，民莫有斗心，若先犯之，必奔。”……（第二卷1428页）

按，古代“突”字与“犯”在“陵犯”、“袭击”义上相同，现代则未必如此。因此，把“突”置于这条现代释文中，既与“袭击”义不相谐，也影响了释义的准确性。我们认为不应为保留故训而如是安排，可将“突”字删去，或转换成双音节词“突袭”。

犹 yóu ⑤均；同样地。清王引之《经传释词》卷一：“犹，犹‘均’也。”

《论语·尧曰》："犹之与人也，出纳之吝，谓之有司。"何晏集解引孔安国曰："谓财物俱当与人，而吝啬于出纳，惜难之，此有司之任耳，非人君之道。"《左传·襄公十年》："从之将退，不从亦退。退，楚必围我。犹将退也，不如从楚，亦以退之。"……（第二卷1359页）

按，以今义观之，"均"和"同样地"虽较接近，但总觉隔了一层，存在一定的差异。一是"均"今很少单独成词，二是"均"今作为语素，也多表"均匀"、"全都"之义。释文用"均"，盖出于保留王引之的原注的考虑。但组成现代义项释文，"均"字置于此中有失允当，可去之，将释文调整为"同等；同样地"。

兽 shòu ③腊，干肉。《仪礼·特牲馈食礼》："棜在其南，南顺。实兽于其上，东首。"郑玄注："兽，腊也。"贾公彦疏："《周礼·腊人》郑注云：小物全干为腊。"（第二卷1474页）

按，本来，郑玄的这条释义只是句中义、临时义，能否单独设立义项尚需再议。再就释文而言，也有处理欠当之处。"腊"是个多音多义字，而且现在已不单用，只在"腊月、腊肉、腊味"等合成词中出现，属于不成词语素。郑玄以"腊"释"兽"是正确的，不过他旨在说明句中的"兽"是指制成干肉的原料来源，而不是活体的兽类。可见，将其搬来作为释文，是不可取的。

抱 bào ③持守；奉。《广韵·晧韵》："抱，持也。"《老子》第二十二章："是以圣人抱一而为天下式。"河上公注："抱，守法式也。"《吕氏春秋·下贤》："周公旦抱少主而成之。"高诱注："抱，奉。"清魏源《定盦文录叙》："越明年夏，其孤橙抱其遗书来扬州，就正于其挚友邵阳魏源。"……（第四卷1963页）

按，"奉"的意义比较复杂。高诱注"抱"为"奉"，只是其临时义，这个"抱"含有"保护"、"尽心扶持"之义。《大字典》将句中的临时义作为释文，缺乏概括性。《释名·释姿容》中"抱，保也，相亲保也"是其义。此外，现今"奉"字只在"恭敬地献给"、"接受"意义上单独成词，余则基本上只能充当语素。因此，义项释文把随文为释的"奉"字附于"持守"后，并未起到补充说明的作用，反使其含混不清。可将释文调整为"抱持；守护"。

扬 yáng ⑤炽；炽盛而放光。《诗·郑风·大叔于田》："火烈具扬。"郑玄笺："扬，扬光也。"孔颖达疏："扬为光也。"《周礼·春官·卜师》："扬火以作龟。"郑玄注："扬，犹炽也。"（第四卷2027页）

按，"炽"义为"旺盛"、"猛烈"，在今天一般不单独使用，只出现在"炽烈、炽盛、炽热"等合成词中，属于不成词语素。因此，用作释文并不适当。本来，这条释文的“炽盛而放光”可以涵括用例中的“扬”字，何必因为郑玄以“炽”注“扬”，就一定要附于此中而增添困惑呢?

期 qī ③极，限度。《广雅·释言》：“期，卒也。”王念孙疏证：“期之言极也。”《庄子·则阳》：“今计物之数，不止于万，而期曰万物者，以数之多者号而读之也。”成玄英疏：“期，限也。”《吕氏春秋·怀宠》：“上不顺天，下不惠民，征敛无期，求索无厌。”高诱注：“期，度。”宋苏轼《渔父四首》之一：“酒无多少醉为期，彼此不论钱数。”（第四卷2234页）

按，“极”字意义纷繁，即使今天单用仍然义多类杂，将其与“限度”组合在一起，一是会导致词义游移含混，尤其是会导致词性混淆，更不便把握确定。二是单言“极”字，两者缺乏较为明显的相似点。释文不应受《广雅》及王念孙疏证的局限而照搬“极”字。从所引例证看，“期”字均为名词。如是，可将释文调整为“极限，限度”。

（三）

本部分讨论仅用一个单字作为释文的问题。如果说，前面论及的两类单字释义在释文中多少还有互为提示、参照、补充、限制的文字可以在一定程度上弥补其不足，减少些疏误的话，那么，这种单字独出的释义方式的局限性就更大，因而存在的问题也就更多了。因为单字承载的意义往往繁复，并且兼跨几个词类。这个问题前面曾有所涉及。时贤批评议论较多的就是这种情况。试举几条：

何 hé ①问。《广雅·释诂二》：“何，问也。”《史记·秦始皇本纪》：“陈利兵而谁何。”裴骃集解引如淳曰：“何，犹问也。”《汉书·卫绾传》：“及景帝立，岁馀，不孰何绾。”颜师古注：“何，即问也。不谁何者，犹言不借问耳。”《封神演义》第一回：“文武百官默默黔首，莫敢谁何，俱钳口而回。”（第一卷130页）

按，作为单音节释文的“问”字，究竟是问辞，还是疑问代词，或是动词?从释文本身是无法得知的。“何”在古代主要作疑问代词。有时“谁何”、“孰何”两个代词连用，表示对人的询问、责问等，其语法功能就发生了变化，具有动词意义。这种用法秦汉之间并不罕见，立为义项也有一定的道理。由此而论，如淳之注只释“何”而不训“谁”是欠妥的。颜师古之注则闪烁不定，既单注“何”，又捎带把“谁”一起解释，看来对此亦缺乏明断。释文因囿于古注而用单字为释，其义笼统含混，难以把握。“何”的这一用法宜调整为：“与谁、孰连用，表示询问、盘问、责问等。”

作 zuò ⑰ 则。《书·洪范》：“恭作肃，从作乂。”孔颖达疏：“貌能恭则心肃静也，言可从则政可治也。”《诗·大雅·文王》：“仪刑文王，万邦作孚。”郑玄笺：“仪法文王之事，则天下咸信而顺之。”（第一卷 169 页）

按，“则”义甚繁，且兼具多类，用作释文，易生歧解。此义盖用传统的训诂方式提取出来的。由于孔疏、郑笺在其释文中使用了“则”字，编者便误以为“作”即“则”。细绎之，《尚书》例中，“恭”与“肃”、“从”与“乂”之间，是条件和结果的关系，“貌恭可产生肃敬，言顺可实现大治”。《诗经》的两句诗亦为条件复句，“万邦作孚”，即万邦产生信任。此言只要效法文王之治，那么天下万国就会信任周王朝。注疏中出现的“则”字，是注家根据句子的语义关系添加上去的，怎能将其视为对“作”的解释而对号入座呢？我们认为，这几例中的“作”都是动词，表“出现，产生”之义。由于意义较抽象、宽泛，因而容易使人产生错觉。又，按照编写条例，虚词是要注明词性的，这里未标词性，或许编者的看法还有些游移不定。总之，这条释文当去之。

倦 juàn ④ 踞。《淮南子·道应》：“卢敖就而视之，方倦龟壳而食蛤梨。”高诱注：“楚人谓倨为倦。”（第一卷 221 页）

按，释文取单字“踞”，是以难释难，殊不可取。且今“踞”一般不单用，又有几种语素义，故很难见字知义。又，此条下仅有一条例证，而高诱之注分明用“倨”而不是“踞”字，更叫人不明“倦”义该作何解。从文意看，“倦”义为蹲踞，言其人正蹲坐在龟壳上吃蛤蜊。“倦”与“蜷”同源，“蜷”有“卷曲、弯曲”义，而人蹲踞时整个身子也是弯着的。吾乡（湖北利川）亦谓人蹲坐着或弯曲着身体叫“倦”（阴平），可为高诱之注的佐证。高诱注中为何出现“倨”字？可能是选用了通假字。如是，应在高注下面说明“倨”通“踞”。从大型字典的义项尽可能收列完备的角度考虑，此条虽然只有孤证，亦当存之。可将释义调整为“蹲踞，蹲坐”。

僻 pì ⑦ 误。《广韵·昔韵》：“僻，误也。”三国魏徐干《中论》：“慎其威仪，审其教令，刑无颇僻。”《水经注·河水》：“故《广志》曰：‘朔方郡北移沙七所，而无山以拟之。’是义志之僻也。”（第一卷 269 页）

按，“误”有多义，单字不足以明之。吾谓此“误”应调整为“差错；谬误”。在此补上几条例证，《百喻经》：“譬如外道，僻取其理，以己不能具持佛戒，遂便不受。”“僻取其理”，即误取其理。《南史·裴松之传》：“今宜准经诰，凡诸僻谬，一皆详正。”《新唐书·李汉传》：“是时，王政谬僻，汉言切，多所救补。”“僻谬”、“谬僻”同义连文，有“差错”、“谬误”之义。

真 zhēn ⑧身。《庄子·山木》：“见利而忘其真。”陆德明释文：“司马云：‘真，身也。’”《淮南子·本经》：“神明藏于无形，精神反于至真。”高诱注：“真，身也。”（第一卷126页）

按，释文照搬古注，单用“身”字为释，其义显然不明。用“身”训“真”，这既是声训，也反映了古人的哲学思想。在古人看来，世间万物，只有自己的身体才是最真实的存在。因此，“身”可用“自身，身体”来替换。与其说这是语文释义，不如说是观念义、文化义。

凌 líng ④乘。《文选·张衡〈思玄赋〉》：“凌惊雷之硫磕兮，弄狂电之淫裔。”旧注：“凌，乘也。”（第一卷327页）

按，“乘”字今义甚多，不知该取何义。而后面仅有的一条书证又语义晦涩，未能有效地提供补充证明。在此试作补苴。三国魏阮籍《咏怀》诗之四十三：“双翮凌长风，须臾万里逝。”“凌长风”犹言驾着长风。《楚辞·九章·哀郢》：“凌阳侯之泛滥兮，忽翱翔之焉薄。”朱熹集注：“凌，乘也。”《大字典》将此例置于义项⑦“顶着；冒着”之下，似欠妥当。“阳侯”乃水波之神，用以指代水波。而水波怎能“顶着；冒着”呢？根据以上诸例，这条释文可调整为“乘着；驾着”。

受 shòu ⑨计。《尹文子·大道上》：“故人以度审长短，以量受少多。”（第一卷432页）

按，这条下只有孤例，且例中无注释。单用“计”字为释，虽然句中可通，但仅是据文而推其义，没有旁证，其局限性是明显的。其实，“受”的此义与其常义“接受、承受”相关，是“获取，得到”的意思。例中言可用计量器得知数量的多少。《广雅·释诂三》：“受，得也。”《战国策·秦策五》：“……受百里之地。”此言获得百里之地。《水经注·河水三》：“其水又西北，右合一水，水出东山，北俗谓之贷敢山，水又受名焉。”“受名”，指获得名称。今言“受益，受惠，受奖”等，即用其义。由此看来，不必单立这条义项，可将其归并到义项①“接受”中，并将释文调整为“接受；获得”。

尚 shàng ⑦奉。《正字通·小部》：“尚，奉也。”《文选·司马相如〈长门赋〉》：“愿赐问而自进兮，得尚君之玉音。”李善注：“尚，犹奉也。”（第二卷610页）

按，“尚”的此义今已较鲜见，而释文又用意义繁难的单字“奉”，加之书证的释义均为“奉”字，故使人不明其义为何。这里先补充几条用“奉”释“尚”

的材料。《史记·绛侯周勃世家》："勃太子胜之尚之。"裴骃集解引韦昭曰："尚，奉也。"《史记·张耳陈余列传》："以尚鲁元公主故。"司马贞索隐引韦昭曰："尚，奉也。"由此看来，"尚"的此义与其义项④"尊崇；崇尚"及义项⑧"娶帝王之女为妻"有关。"尚"属敬辞，含有高攀的意味，多用于下对上、卑对尊。因此，可将释义调整为"（荣幸地）承奉；（恭敬地）接受"。

命 mìng ⑩为。1. 制定……2. 备置……3. 制作……4. 运……5. 置……（第二卷654页）

按，由于此条释文太长，故将全部引例省去。"为"可谓古今第一泛义动词，其义域要远远大于"命"字，因而用作释文是不合要求的。编者大概亦觉不妥，遂在义项之下又设了五个小项（又称子项）以弥补这一缺漏。但由于没有概括、把握好"命"的词义特征，使得这些小项又流于随文释义而琐碎繁杂。若照此类推，还可以弄出更多的小义项来。我们认为，"命"的此义与"为"的区别是明显的。它不是泛指一般的动作行为，也不是自主、自动的行为，而是侧重于"叫别人去干"。这与其本义"命令"是密切相关的。这条释文当概括为"差遣、指派别人做某事"。至于在例中如何具体理解，就要视其组合对象及上下文而定了。

安 ān ⑪坐。《逸周书·度邑》："安，予告汝。"朱右曾校释："安，坐也。"（第二卷980页）

按，以"坐"释"安"，这是取孤例的句中义代替了概括的释义。此例的"安"释为"坐"当然也讲得通。但是，从"安"的意义特征来看，"安"并非单指动作"坐"本身，而是附有相关的感受或者结果。在此援引几条材料，据以考察"安"当作何解。《仪礼·燕礼》："公以宾及卿大夫皆坐，乃安。"胡培翚正义："安之义谓止而坐之也。"《汉书·张禹传》："赐安车驷马。"颜师古注："安车，坐乘之车也。"《晋书·舆服志》："车，坐乘者谓之安车。"古代车辆主要是供军士站着打仗用的，只有年长的高官及贵妇人才有坐乘的车。在车上坐着当然要比站立安适，故谓"安车"。《周礼·春官·巾车》："安车，彫面鹥总，皆有容盖。"郑玄注："安车，坐乘车。凡妇人车皆坐乘。"据此，这条释文当调整为"安坐，坐下"，并适当补充一些例证。

《汉语大字典》互补式释文的同一性问题[①]

语文字典的释义，是对字的义项所作的概括性的解释。释义是语文辞典的核心、灵魂，释文则是释义内容的表述文字。可知，释文无疑是衡量释义质量最直观的标尺。正因为如此，字典编纂者无不殚精竭虑，反复斟酌，力求从繁杂的语料中去提炼、选择最合适的字眼，以构成简明、概括、准确、贴切的释文，从而保证字典的质量。作为当今大型语文字典的代表，《汉语大字典》在释文方面也作出了很大的努力，取得了超越前人的成就，得到学术界乃至社会各界的肯定和好评。

但是众所周知，汉语的词义是非常复杂、空灵和多变的，因而很难把握。科学、合理地设置释文，的确是一件不易操作的、高难度的事情，稍有不慎，就会出现纰漏，甚至硬伤。用时贤对《大字典》中的瑕疵提出的种种批评性文章，可见释文之不易。语文字典中，义项的释文表述方式是多种多样的。根据释文使用意义与单位数量的多寡，可以将释文分为单项式和多项式两种。有的义项，取用一个字(词)、一个双音节或者多音节词，甚至一个短语作为释文，我们称之为单项式释文。这种释文在字典中的运用最为普遍。但是，对于某些义项内容来说，单项式释文有时似乎显得单薄、偏侧，不足以尽意，其概括性有时也显得不够充分。互补式释文则是对单项式释文的有效补充。所谓互补式释文，就是两个或者两个以上能够独立运用的意义单位，平行排列，互为补充，共同组成的释文。互补式释文中的两个意义单位是相同或相近的，地位上是平等的，不分主次的。互补式属于多项式释文中的一类。较之单项式释文，互补式有其自身的长处和优势。《大字典》在为数不少的义项中采用了互补式释文方式，亦取得了较好的效果。但是，任何释文方式都不是尽善尽美的。毋庸讳言，《大字典》在运用互补式释文时同样存在一些疏误，有的还带有一定的普遍性。为此，我们拟在前期研究的基础上（详见本书作者曾就《汉语大字典》中两个单字互补构成释文的若干问题而撰写的相关文章)，进一步对《大字典》中双音节以及多音节构成的互补式释文存在的问题作一番探究，以供编者和读者参考。

---

① 此部分原载《湖北民族学院学报》2004 年第 6 期，内容有所改动。

（一）

义项是从一系列相类似而又有细微差别的语义中提炼出来的，因而具有概括性。概括性是义项的基本要求。但是，这种概括只能是在义同、义近或意义相关联的基础上的归纳综合，且必须要有一定的范围加以限定。单项式释文中，这个问题要相对简单一些，主要只涉及义项的分合问题。而互补式释文主要是由两个意义单位组合而成的，操作起来就复杂多了。我们认为，在同一条释文中，两个义有联系的且并列的意义单位首先须有词性上的同一性，才有可能形成词义上的交叉互补，实现对义项内容的合理概括。《大字典》在这方面大多数是比较审慎、稳妥的，但有时也会将几个词性不同的词语混杂在一起，致使释文含糊笼统，范围难明。下面我们将对此进行分析。（为节省篇幅，我们只选择几例重点讨论，其余的则列举出来，并附上简单说明）

协 xié ①合；共同。《说文·劦部》："协，众之同合也。"《玉篇·劦部》："协，合也。"《书·盘庚下》："尔无共怒，协比谗言予一人。"孔传："汝无共怒我，合比凶人而妄言。"《三国志·魏志·陈思王植传》："臣闻天地协气而万物生，君臣合德而庶政成。"清魏源《道光洋舰征抚记》上："……必且协力谋我，始寝前议。"（第一卷 74 页）

按，"合"是动词，有结合、合在一起的意思；而"共同"则是副词，它往往放在动词前面。可见，将动词与副词作为释文置于同一义项中，是不恰当的。从该项所列书证材料看，"协"之义均为动词，故以"结合，合在一起"作为释文较妥。编者在释文中添加"共同"，可能一定程度上受了后一条例证"协力谋我"的影响，因为"协力"似乎还可以释为"共同出力"。这恐怕是误解。一则此例出现甚晚，不足为据；二则"协力"完全可以用"合力，纠合力量"释之。"力"是名词而不是动词。

仪 yí ⑧匹配；配偶。《尔雅·释诂上》："仪，匹也。"《诗·鄘风·柏舟》："髧彼两髦，实维我仪。"毛传："仪，匹也。"战国宋玉《高唐赋》："殊无物类之可仪也。"（第一卷 228 页）

按，"匹配"是动词，"配偶"是名词，不宜将其糅合在一条释文中。我们看到，编者将两条属于不同词性的词语合为释文，实有不得已之苦衷。因为一是《尔雅》、毛传均以单字"匹"为释，而"匹"又兼跨动、名两类词性，因而无法确定究竟是名词还是动词；二是可能占有的材料不够，只好勉强凑合在一起。然而这样处理，影响了释文的同一性。从下面这些材料可以看到两者当分而立之的必要性。《楚辞·九章·悲回风》：“穆渺渺之无垠兮，莽芒芒之无仪。”洪兴祖补注：“仪，匹也。”“莽芒芒”形容回风无穷无尽的样子，“仪”用在动词“无”后，当为名词，指相比、匹敌的对象。《国语·周语上》：“丹朱凭身以仪之。”韦昭注：“仪，匹也。……言房后之行有似丹朱，丹朱冯依其身而匹偶焉，生穆王也。”此“仪”指匹配、交配，动词。《尚书·益稷》：“《箫韶》九成，凤皇来仪。”孔传：“仪，有容仪。备乐九奏而致凤皇，则余鸟兽不待九而率舞。”孔传对“仪”的解释甚是含混。江声《尚书集注音疏》引郑康成曰：“仪，匹也。”江声以“匹”释“仪”，看来将之视为动词，是可取的。《后汉书·崔寔传》：“乐作而凤皇仪，击石而百兽舞。”晋成公绥《啸赋》：“百兽率舞而抃足，凤皇来仪而拊翼。”这两例承《尚书·益稷》而来，从上下文的对举关系来看，这两个“仪”都用作动词而不是名词，有“配合；匹配”之义。

根据以上分析可知，这条“仪”分为动词“配合；匹配”及名词“配偶；相匹者”二义，是比较合适的。《诗经》中的“仪”可归入名词义项之下。

将不同词性的词语置于同一释文中的例子不少。例如：

削 ③ 减少；贫弱。（第一卷 372 页）“减少”是动词，“贫弱”是形容词。当调为“减少；削弱”。

勤 ① 辛劳；从事劳作。（第一卷 412 页）“辛劳”是形容词，“从事劳作”是动词。可调整为“辛勤劳作”。

夷 ⑫ 蹲踞；傲慢。（第一卷 571 页）“蹲踞”是动作行为，“傲慢”是情态特征。当取“蹲踞”，将《荀子·修身》一例去掉。

奉 ⑮ 侍奉；待遇。（第一卷 575 页）“侍奉”是动词，“待遇”是名词。应调为“待遇”。

夺 ③ 差误；错过。（第一卷 592 页）“差误”是名词，“错过”是动词。应调为“耽误；错过”。

嘏 ② 福；赐福；受福。（第二卷 726 页）“福”是名词，“赐福；受福”是动词，且两个动词一为主动，一为被动，义不相容，置于同条亦不当。

审 ⑦ 真实；果真。（第二卷 1024 页）“真实”是形容词，“果真”是副词。实与虚杂糅，更不可取。

弱 ③ 年少；年少的人。（第二卷 1064 页）“年少”是形容词，“年少的人”是名词短语。特征状态与具有特征状态的对象不应放在一起。

嫚 ① 轻侮；傲慢。（第二卷 1153 页）“轻侮”是动词，“傲慢”是形容词。两者当分立。

殆 ⑥ 近于；几乎。（第三卷 1485 页）“近于”是动词，“几乎”是副词。若是句中的翻译，两者有时并不排斥，然作为字典的释文，则不能轻易以翻译为据。

智 ② 机智；谋略。（第三卷 1628 页）“机智”是形容词，“谋略”是名词。此条可调为“智谋；谋略”。

涨 ① 大水；水上升貌。（第三卷 1856 页）“大水”是名词短语，“大水上升貌”是形容词性的短语。当分而立之。

措 ③ 举措；运用。（第四卷 2002 页）“举措”是名词，“运用”是动词。据条目中的引例，此条应去掉“举措”。

躅 ③ 明朗；显示。（第五卷 2756 页）“明朗”是形容词，“显示”是动词。此条为动词，应调为“表明；显示”。

穑 ③ 耕种；农事。（第五卷 2820 页）“耕种”是动词，“农事”是名词。此条应调为“耕种；从事农事”。

秽 ① 杂草；荒芜。（第五卷 2820 页）“杂草”是名词，“荒芜”是形容词。应将其分为两项。

窕 ② 间隙；不充满。（第五卷 2920 页）“间隙”是名词，“不充满”是形容词性短语。此条应为“不充满”。

衄 ⑤ 侮辱；耻辱。（第六卷 3253 页）“侮辱”是动词，“耻辱”是名词。此条应为“耻辱”。

葺 ② 修饰；整齐。（第六卷 3462 页）“修饰”是动词，“整齐”是形容词。此条应为“修饰”。

蔚 ③ 盛大；扩大。（第六卷 3502 页）“盛大”是形容词，“扩大”是动词。此条应为“扩大”。

緜（“绵”的异体字）⑩ 篱落；围绕。（第六卷 3655 页）“篱落”，即篱笆，名词；“围绕”是动词。此条仅有的一例用作动词义，可以考虑把这条并入“缠绕”中，而该条本无例证。

资 ⑮ 货；贩卖。（第七卷 3880 页）“货”是名词，“贩卖”是动词。此条当取“贩卖”。

遂 ⑱ 因循；拖沓。（第七卷 4122 页）“因循”是动词，“拖沓”是形容词。可把“拖沓”调为“拖延”。

遭 ④ 巡行；周围。（第七卷4132页）“巡行”是动词，“周围”是名词。此条当一分为二。

谲 ③ 奇异；变化。（第七卷4286页）“奇异”是形容词，“变化”是动词。此条可调为“奇异；怪异”。

有的释文，两个意义的单位词性均不单一明确，兼跨几类；有的其中一个确定，另一个则兼跨几类。这也会导致意义含混、难以概括，因而易生歧义。例如：

严 yán ⑩ 装束；整饬。《乐府诗集·杂曲歌辞·焦仲卿妻》：“鸡鸣外欲曙，新妇起严妆。”三国魏曹植《杂诗六首》之五：“仆夫早严驾，吾行当远游。”《元史·刘敏中传》：“严武备，举封赠。”（第二卷757页）

按，“装束”兼有动、名两类词性，作动词指打扮；作名词指服装、服饰。“整饬”则兼动、形两类词性，“整顿，整理”是其动词义，“整齐”是其形容词义。两个作为释文意义单位的词词性多样，是不便于读者把握释义的；加之“整饬”又略欠浅明，合在一条释文中，更使意义不明晰。从用例看，此项当是动词，作“整顿，整理”比较恰当。“严妆”，即整理梳妆；“严驾”，即整备车驾；“严武备”，即整顿武备。

庸 yōng ⑥ 平常；经常。《尔雅·释诂上》：“庸，常也。”《易·乾》：“庸行之谨，庸言之信。”孔颖达疏：“庸，常也。从始至末常言之，信实常行之。”《韩非子·五蠹》：“布帛寻常，庸人不释。”《礼记·中庸》：“庸德之行。”郑玄注：“庸，常也。”（第二卷955页）

按，“平常”兼形容词和时间名词两类，而“经常”则是副词。如是，不宜置于同一条释文中。从例中可知，“庸行”指平时的行为；“庸言”指平常的言语；“庸人”指常人，平凡之人。《礼记·中庸》原作：“庸德之行，庸言之谨，有所不足，不敢不勉；有余，不敢尽。”郑玄注：“庸，犹常也。言德常行也，言常谨也。”郑注有失察之处，因这里的“庸德之行，庸言之谨”乃两个并列的主谓短语充当主语，故在主谓间加上“之”字。这几句意为：平时讲究道德、言语谨慎，若在这两方面有所不足，就要勉力提高；若有余，则应当谦退，不要尽现无遗。“庸”在古汉语中一般不作时间副词，若释以“经常”，均与以上诸例不合。此条当调为“平时；平常”。

（二）

以上分析了《大字典》互补式释文在词性上不一致而导致的不足，下面再讨论词性一致的互补式释文的同一性问题。总体来看，《大字典》中，由几个词性相同的意义单位组成的互补式释文仍以组合适宜、可取者居多，然处理不当者亦偶有所见。究其缘由，主要是对义项内容的概括失之过宽，对互补式释文同一性原则的认识还不到位，以致把握失度而拼凑成项，出现释文范围偏大、异义合项等情况。下面举例分析之。

仰 yǎng ② 敬慕；企盼。《字汇·人部》："仰，心慕之辞。"《诗·小雅·车舝》："高山仰止，景行行止。"郑玄笺："古人有高德者则慕仰之，有明行者则而行之。"唐白居易《偶作寄朗之》："仰名同旧识，为乐即新知。"《儒林外史》第九回："如今若救出杨先生来，这一镇的人，谁不感仰。"（第一卷157页）

按，"敬慕"，即敬重仰慕，侧重于表"内心尊敬向往"；"企盼"则侧重于表"盼望，心中有所希求"。两者义相隔较远，共列入一条释文是不妥当的。从所列书证来看，单取"敬慕"即可，"企盼"则属冗余。

佚 yì ① 弃用；隐遁。《说文·人部》："佚，佚民也。"《字汇·人部》："佚，隐遁也。"《孟子·公孙丑上》："遗佚而不怨，厄穷而不悯。"朱熹集注："遗佚，放弃也。"汉枚乘《七发》："遁佚之志。"宋陆游《龟堂晚兴》："今日掩关真佚老，向来涉世亦遗民。"（第一卷167页）

按，"弃用"指抛弃使用，是针对他人而言；"隐遁"则指隐身遁世，隐居起来，多指当事人自己的选择，属自身的行为。如是，"弃用"与"隐遁"怎么能够交叉互补，构成一条意义相统一而又概括适度的释文呢？其实，解决这个问题比较简单，在"弃用"后加一"被"字，将主动变成被动，就可与"隐遁"和谐统一了。

刺 cì ⑫ 指责；讥讽。清朱骏声《说文通训定声·解部》："诔，谓数其实以谏，经传皆以刺为之。"《诗·魏风·葛屦》："维是褊心，是以为刺。"《战国策·齐策一》："群臣吏民，能面刺寡人之过者，受上赏。"清魏源《默觚下·治篇三》："故《国风》刺淫者数十篇，而刺民好利者无一篇。"鲁迅《伪自由书·从讽刺到幽默》："因为所讽刺的是这一流社会，其中的各分子便个个觉得好像刺着了自己。"（第一卷365页）

按，"指责"是批评责备他人；"讥讽"则是用旁敲侧击或尖刻的话讥笑、嘲笑别人。一个是中性的，一个带有贬义。两者的意义及色彩差别是不言而喻的。编者这样处理，可能对上古汉语中的"刺"义理解有误。上古"刺"的一个常义就是"指责，指斥"，并无"讽刺，讥讽"等带有贬义色彩的含义。我们认为，上面例子中的“刺”都是“指责，批评”义。至于鲁迅文中的“讽刺”的“刺”，已属于义有变化的构词语素，是不应计入此列的。

嫉 jí ①妒忌；贼害。《广雅·释诂一》：“嫉，妒也。”又《释诂三》：“嫉，贼也。”《楚辞·离骚》：“羌内恕己以量人兮，各兴心而嫉妒。”王逸注：“害贤为嫉，害色为妒。”《汉书·邹阳传》：“士无贤不肖，入朝见嫉。”唐骆宾王《代李敬业讨武氏檄》：“入门见嫉，蛾眉不肯让人。”（第三卷1148页）

按，“妒忌”指心理上的感受，指对比自己强的人心怀不满；而“贼害”则指加害于人，伤及他人。显而易见，两词属于不同的意义范畴，不宜凑合在同一条释文中。编者可能误解了王逸注中“害贤、害色”的“害”及《广雅》中“贼”的古义。“害”有“嫉妒”义。《字汇·宀部》：“害，嫉也，忌也。”《史记·屈原贾生列传》：“上官大夫与之同列，争宠而心害其能。”“心害其能”就指心里嫉妒屈原的才能。至于《广雅》以“贼”释“嫉”，也与“妒忌”有一定关联。汉董仲舒《春秋繁露·仁义法》：“故自称其恶谓之情，称人之恶谓之贼。”“称人之恶”就是说人家的坏话。由此可知“贼”有诋毁义。不过将其与“妒忌”合在一起仍有不妥，应考虑将《广雅》这条例子剔除。

荐 jiàn ⑥陈说；陈设。《尔雅·释诂上》：“荐，陈也。”郝懿行义疏：“荐进与延引义近，荐、藉与铺陈义近，故又为陈也。”《左传·昭公二十年》：“若有德之君，外内不废，上下无怨，动无违事，其祝史荐信，无愧心矣。”杜预注：“君有功德，祝史陈说之，无所愧。”唐李白《寻鲁城北范居士见范置酒摘苍耳作》：“酒客爱秋蔬，山盘荐霜梨。”（第六卷3524页）

按，“陈说”是用言辞叙述，属言语行为；“陈设”义同“摆设”，是动作行为。两词在古代虽可以一“陈”字隐括，且有某种内在联系，但作为字典释文内容，终归相去偏远。将其凑合在一起，则意义范围太宽，应当将两者分而立之。

辱 rǔ ③委屈；埋没。《左传·襄公三十年》：“使吾子辱在泥涂久矣，武之罪也。”《吕氏春秋·慎行》：“我贱人也，不足以辱令尹。”高诱注：“辱，屈辱也。”唐韩愈《杂说四首》之四：“千里马常有，而伯乐不常有。故虽有名马，祗辱于奴隶人之手，骈死于槽枥之间，不以千里称也。”（第六卷3846页）

按，“委屈”义为“受到不应有的待遇或指责而难过”，指心理感受；“埋没”则是“掩埋、使之不得显露”的意思。两个词语的意义范围有别，不符合构成同一条释文的要求。从以上诸例看，“辱”均没有强调心理上委屈的含义。至于《吕氏春秋》例中的“辱”，则是使动用法，“使……受屈辱”的意思。高诱“屈辱”

之注并不准确。这一例当归入“玷污；辜负”义项中。因此，这条释文可调整为“屈居；埋没”。

鄙 bǐ ⑥庸俗；鄙陋。《玉篇·邑部》：“鄙，鄙陋。”《左传·庄公十年》：“肉食者鄙，未能远谋。”三国蜀诸葛亮《出师表》：“先帝不以臣卑鄙，猥自枉屈，三顾臣于草庐之中。”《魏书·袁翻传》：“虽吾人之固鄙，岂忘怀于上国？”（第六卷3792页）

按，“庸俗”指平庸鄙俗，可形容品性作风；“鄙陋”指见识浅薄、知识贫乏，可形容水平才能。两者意义难以交叉重合，因而置于同一释文中，显得不伦。从所列例证看，恐怕编者误解了“鄙”的古义。例中的几个“鄙”都是见识浅陋的意思，与“庸俗”无涉。“庸俗”当去，将释文调为“浅陋；鄙陋”。

下面再补充部分类似的例子，试作简要的辨析说明。

剔③疏导；清除。（第一卷376页）“疏导”指疏通导引水流，“清除”则指清理扫除，不宜合为一条。

征②征伐；征戍。（第二卷877页）两者虽与军队的活动有关，但相去较远。“征伐”指征讨、讨伐敌人；“征戍”则指远行戍守边疆，是不宜合在一条释文中的。

没⑦掩盖；超过。（第三卷1683页）“掩盖”指遮盖或隐藏，其对象是具体的物体或者抽象的问题、情绪等；“超过”则或指从后面赶到了前面，或指水平、成绩等高出所比对象。两者义不相类，就谈不上同一性了。

肠②内心；感情。（第四卷2246页）“内心”义为心里头，指方位，位置；“感情”则是心理活动、心理反应。可调为“心情；感情”。

慨②感叹；忧伤。（第四卷2496页）“感叹”是情感表达方式，是外在的；而“忧伤”指内心的忧愁，是一种情绪，属情感本身。两者虽有联系，但毕竟归属各别，不宜置于同一条中。

窘⑥拘禁；局限。（第五卷2923页）“拘禁”属司法用语，是暂时拘留关押的意思，其涉及对象为特定人物，适用面较窄；“局限”则指限制在一定的范围中，其适用面较为宽泛。两者差距较远，当分立。

舍⑳通“予（yǔ）”，赞许；给予。（第五卷3139页）“赞许”与“称赞”同义，“给予”则指让对方得到什么。显而易见，两者意义根本无法相容，何苦遑论同条而共存？

舒③放纵；放出。（第五卷3140页）“放纵”指纵容而不加约束，结构是并列式；“放出”则侧重指事和物由内至外，结构是述补式。可见，两义不宜合在一条释文中。

食④生殖；垦耕。（第八卷4729页）“生殖”指生养繁殖；“垦耕”则指垦田耕种，两者是不宜组合成一条释文的。根据引例，“生殖”当去掉。

以上我们对《汉语大字典》互补式释文存在的问题提出了批评意见。这是一个较新的课题，初涉此途，一些看法还很粗浅，有的甚至有误。但是我们相信，深入探讨这一课题，对于提高字典释义质量，无疑是大有裨益的。

《汉语大字典》互补式释文问题评议①

语文字典中，释义无疑居于特别重要的位置，因而被视为字典的灵魂、精髓。释文，则是释义的解说性文字。作为典范性、权威性的语文字典，对释义的基本要求是做到准确、概括、简明、通俗。字典释文的方式是多种多样的，其中，最普遍、习用的方式就是词语式。词语式又称对释式，即以字（词）释字（词），也就是用意义相同的字（词）来解释被释字（词）。然而在语言中，意义和用法真正相同的词并不多见，绝大多数同义词都只是大致相似的近义词。因此，若单用一个词语作为释文（单一式），就很容易造成释义的缺欠、偏失，“单不足以喻则兼”。为弥补单一式释文的不足，人们便采用了将几个义同、义近的词语组合构成释文的方式。这种方式有人谓之“重叠释文”，我们则称它为“互补式释文”。字典编纂实践证明，几个义同、义近的词语组成释文，交叉互补、限定制约，可以在一定程度上提高释义的概括性、准确性和稳定性。正因为如此，互补式释文被普遍运用于现代语文辞书的释义中，并发挥着重要的作用。

但是，互补式释文的局限性也是不容忽视的。因为它毕竟是将几个原本独立的语义单位合在一条释文里，从而形成一个相对概括、统一的意义。由此而论，较之单一式释文，互补式释文设置的要求会更高，操作难度会更大，存在的问题也将会更为复杂。因此，想要很好地实现互补式释文的优化组合，达到概括合宜、协调统一的目标，的确不是一件容易的事，它已成为一项亟须进行深入研讨的课题。然而，据我们所知，目前，在如何界定互补式释文的基本标准，确定其比较合宜的尺度等方面，辞书学界还缺乏必要的研究，难以达成一定的共识。而凭经验、语感来

① 此部分原载《语文研究》2007年第4期，内容有所改动。

设置互补式释文，考量、评价释文的优劣高下等，似乎还是人们较为普遍的做法。有感于此，我们以大型语文字典《汉语大字典》作为考察对象，对其部分词目中互补式释文（主要是单字构成的互补式释文）存在的问题作了初步的探讨。在此基础上，翻检所及，对《汉语大字典》第一、二卷中若干条互补式释文存在的问题予以论析评议，顺便论及设置互补式释文的合宜标准、操作原则等，以期引起学界同道对这个问题的关注与重视，进一步提高语文字典的释义质量。

厭 yā ② 镇压；抑制。《左传·昭公二十六年》："齐师围成，成人伐齐师之饮马于淄者，曰：'将以厭众。'"杜预注："以厭众心，不欲使知己降也。"《汉书·翼奉传》："东厭诸侯之权，西远羌胡之难。"《越绝书·外传记军气》："小人则不然，以彊厭弱，取利于危。"（第一卷 91 页）

按，"厭"为"壓"的古字，今简作"压"。现代字典释义应以现代汉语的意义作为标准，这是基本的原则。而释文中的"镇压"，今既指用强力压制，又可指处决；"抑制"则侧重于从意念上控制住，压下去。"镇压"仅用于对他人，"抑制"还可用于对自身。可见，将这两个词搭配作为释文，其意义范围则失之偏宽。又，在未能穷尽语料的情况下，辞书学对字典的要求，即合理分项、释义准确、概括性强等都只能是相对的；一般来说，衡量检验释义是否得当，其底线至少应做到释义与所举例证基本相合，不至于冲突。所引例证中，《左传》的"将以厭众"，意即将以之控制住众人知道真相的念头；《汉书》的"厭诸侯之权"，即控制住诸侯的权力；《越绝书》的"以彊厭弱"，即用强势压制弱小。由此可见，例中的几个"厭"都与"镇压"义相隔较远，不相吻合。因此，这条释文调整为"压制；控制"比较妥当。

伏 fú ⑤ 伏兵；伏击。《左传·庄公十年》："夫大国，难测也，惧有伏焉。"《史记·匈奴列传》："御史大夫韩安国为护军，护四将军以伏单于。"《北史·赵昶传》："设六伏以待昶。"（第一卷 152 页）

按，"伏兵"一词，今兼具动、名两类词性。作为动词，指埋伏军队；作为名词，指埋伏的军队。"伏击"只作动词，指埋伏军队，突然袭击。那么，释文里的"伏兵"，究竟应取其动词义，还是取其名词义呢？若取名词义，与动词组合成释文，则有违释文内部词性必须一致的基本要求；若取动词义，又不能与所引例证全部相合。《史记》"伏单于"的"伏"是动词，指伏击；《左传》的"有伏"指有伏兵，《北史》的"六伏"指六股伏兵。有两例的"伏"是名词。据此，这条释文需要分立为名、动两条：其名词义的释文作"埋伏的军队"；动词义的释文作"埋伏；伏击”。兹补上“伏”的两条动词例证。《左传·宣公三年》：“伏甲，将攻之。”《吴越春秋·勾践归国外传》：“故前无剽过之兵，后无伏袭之患。”“伏袭”，伏击偷袭。

任 rèn ② 抱；负担。《正字通·人部》：“任，负也，担也。”《诗·大雅·生民》：“是任是负，以归肇祀。”郑玄笺：“任，犹抱也。”孔颖达疏：“以任、负异文，负在背，故任为抱。”《国语·齐语》：“以知其市之贾，负任担荷。”韦昭注：“背曰负，肩曰担。任，抱也；荷，揭也。”《楚辞·九章·悲回风》：“骤谏君而不听兮，重任石之何益！”王逸注：“任，负也。”《吕氏春秋·博志》：“骥一日千里，车轻也。以重载则不能数里，任重也。”高诱注：“任，载也。”（第一卷 122 页）

按，这条释文有几个问题。首先，“抱”与“负担”的意义相去较远：“抱”指用双手围住，是胸前的动作；“负担”作为动词，一指背负肩挑的动作，二指承担较抽象的事或物，如责任、工作、费用等。其次，“负担”又兼具动、名两类，究竟取哪一类？可见，将“抱”与“负担”组合而成释文，释义范围失之笼统宽泛，读者难以把握其确定的意义。再看书证。《正字通》作“负也，担也”，将其分为二义；《诗经》“是任是负”也是分别而言的；《国语》“负任担荷”，将四种动作平行列举，韦昭分别为之作释，显然它们是各有所指的。至于《楚辞》的“任”，王逸注为“负”，在理解上似有偏误。“任石”应指抱着石头。《史记·屈原贾生列传》：“于是怀石遂自沈汨罗以死。”“怀石”就是怀抱石头，此为有力的佐证。《吕氏春秋》的“任重”，即承载太重，此“任”之义比较抽象。综上，这条释文可调整为“抱着，怀抱”，同时，将《吕氏春秋》之例置于义项④“担当；承受”之下。

佚 yì ④ 遗忘；轻忽。《说文·人部》：“一曰：‘佚，忽也。’”《大戴礼记·卫将军文子》：“不侮可侮，不佚可佚，不敖无告。”王引之述闻：“佚，忘也，轻忽也。”《论衡·别通》：“不肖者轻慢佚忽，无原察之意。”（第一卷 134 页）

按，“遗忘”是“忘记”的同义词，属于不自觉的意识行为；“轻忽”则指主观上不注意、轻率疏忽。两词或许可以构成因果关系：轻忽导致遗忘。但是，将含有因果语义关系的两个词组合在释文中，就逸出合理的释文范围了。《大戴礼记》“不佚可佚”，意即不轻忽为人们轻忽的事。《大字典》的编者引用王引之之言有误，处理失当。王引之《经义述闻·卷十二·大戴礼记中》“不佚可佚”条：“不侮可侮，不佚可佚，不敖无告。卢注不释‘佚’字。引之谨案，‘佚’当读为‘怢’。怢，轻忽也。可轻忽者，不轻忽之。所谓君子无众寡，无小大，无敢慢也……《说文》作诛，云：‘忘也。’佚、诛并与佚通。”可见，王引之只是引用了《说文》中的“诛”训“忘”，来解释“佚”有“轻忽”义的缘由，并未径言“佚”有“忘”义、“轻忽”义。《论衡》的“轻慢佚忽”，可以看作是四个词（字）同义连文。综上，这条释文宜调整为“轻慢，轻忽”。

剧 jù ⑤ 重要；险要。《论衡·书解》：“问事弥多而见弥博，官弥剧而识弥泥。”《晋书·贺循传》：“江中剧地惟有阖庐一处，地势险奥，亡逃所聚。”宋司马光《乞虢州第二状》：“自知才性疲驽，不任剧职。”（第一卷391页）

按，“重要”意义的涵括面要大于“险要”，且适用对象差别较大。“险要”主要指地势险峻而重要；“重要”则泛指具有重大意义、作用、价值等。将范围大小及适用对象有别的词语合为一条释文，难以形成合宜的互补和制约关系，反而影响了释义的概括性和确定性。再验之所引例句，《论衡》的“官弥剧而识弥泥”，是说官位越重要，见识就越浅陋、拘泥；《晋书》“剧地”一语，分明指重要之地，若是指险要之处，后面的“地势险奥”岂不多余？至于最后一例中的“剧职”，确然指重要职位，无烦赘言。因此，这条释文可将“险要”去掉。

奉 fèng ⑧ 拥戴；尊崇；跟随。《左传·隐公元年》：“故仲子归于我，生桓公而惠公薨。是以隐公立而奉之。”洪亮吉诂：“奉皆有尊崇之意。”《世说新语·贤媛》：“秦末大乱，东阳人欲奉（陈）婴为主。”明客溪渔隐《求野录》：“（李）定国曰：‘（孙）可望扶明，我则奉之；若其渝盟，我则杀之。’”（第一卷575页）

按，由三个词语并列构成的互补式释文，在《汉语大字典》中还不多见。编者将三条词语合构，盖旨在给释文带来更大的灵活空间，便于统领词目中的例句，但同时也给释文增添了意义纷杂、义难确定的风险。释文中的“跟随”，似有蛇足之嫌。何以言之？“拥戴”和“尊崇”的义域都较宽，且两者义较接近，经过搭配合作，基本上可以涵括下列各例，成为比较理想的互补式释文。而“跟随”不过是处于“拥戴，尊崇”义下较为具体的行为罢了。《求野录》中“我则奉之”的“奉”释为“跟随”，的确甚为贴切，但这只是其在句中的临时义。作为字典释义，没有必要为了迁就临时用法而增添释文的负担。此例的“奉”，完全可以归属到“拥戴；尊崇”之中。

奉 fèng ⑮ 事奉；待遇。《孟子·告子上》：“乡为身死而不受，今为妻妾之奉为之。”宋胡仔《苕溪渔隐丛话前编》卷四：“白乐天亦嗜酒，其家酿黄醅者，盖善酒也。又每饮酒必有丝竹童妓之奉。”《宋史·余玠传》：“宾馆之奉，冉安之若素有。居数月，无所言。”（第一卷575页）

按，“事奉”是动词，与“伺奉、服侍、侍候”同义；“待遇”则是名词，指对人的态度、方式以及权利、地位、物质条件等。将词性不同且义相隔较远的两个词糅合在一条释文中，有悖于释义的概括性原则。引例中的几个“奉”字都是动词，当解作“事奉，侍候”。“妻妾之奉”，即妻妾的事奉，余类推。诚然，“妻妾之奉”、“童妓之奉”、“宾馆之奉”是可以纳入“待遇”这一范围的，且用名词“待遇”释“奉”也讲得通，但作为字典中互补式释文的内容，既需要考虑释文内部的统一协调，又必须兼顾与所引例证的合宜相配。结合两方面考虑，“事奉”与“待遇”，二者只能择其一。“待遇”一语当去之。

奏 zòu ④取得；成就。如：奏效；奏功。《小尔雅·广言》：“奏，为也。”《诗·小雅·六月》：“薄伐猃狁，以奏肤公。”毛传：“奏，为；肤，大；公，功也。”孔颖达疏：“以此之强，薄伐猃狁之国，以为天子之大功也。”宋徐梦莘《三朝北盟会编》卷二一〇：“（战守）宜乎铠仗犀利，士气振发，战则胜，守则固。乃肤功未奏，寸土未复，何耶？”《明史·河渠志二》：“（崇祯）帝趣鸠工，未奏绩而明亡。”冯志《敌后武工队》第十五章：“哈叭狗的主意奏了效，老松田对他很赏识。”（第一卷538页）

按，“取得”是动词；“成就”今主要用作名词，指事业上的成绩，有时作动词，其义则偏于“完成”。由于“成就”作名词时，与“成绩”、“业绩”是同义词，因而它作为动词，表示“完成”义时，一般是不与功劳、业绩、效果之类的词语搭配使用的。“成就”的搭配对象多指事业、大业等。因此，即使取“成就”的动词义，也不宜与“取得”合在一条释文中。从词目下所举的书证看，这些“奏”都只能是动词而不是名词。分析各例中“奏”的意义：“奏肤公（功）”，即取得大功；“肤功未奏”，即未曾获取大功；“奏绩”，即取得业绩；“奏了效”，即取得了效果。综上，这条释文应去掉“成就”，调整为“获取；取得”。

奢 shē ③胜过；过分。《尔雅·释诂上》：“奢，胜也。”《玉篇·奢部》：“奢，泰也。”《文选·张衡〈西京赋〉》：“彼肆人之男女，丽美奢乎许史。”薛综注：“言长安市井之人，被服皆过此二家。”唐卢仝《走笔谢孟谏议寄新茶》：“摘鲜焙芳旋封裹，至精至好且不奢。”朱自清《桨声灯影里的秦淮河》：“她们于我们虽然没有很奢的希望，但总有些希望的。”（第一卷587页）

按，“胜过”是动词，指超过、强过；“过分”则是形容词，指超过一定的程度、限度等。两者词性不一，且意义范围有别，不能并存于同一条释文中。再看所引例证，《西京赋》里“丽美奢乎许史”的“奢”，应是“奢华，奢侈”之义，说他们的穿着比许、史还要奢华。薛综注“过此二家”，是对句子意思的大致解释，并不等于“奢”就是“过”或者“过分”。余下两例中的“奢”义浅明，都是“过分”、“过度”的意思。《玉篇》言“泰也”，是为何义？查《玉篇·水部》：“泰，侈也，骄也。”可知应是“奢侈”义。如是，《玉篇》及《西京赋》之例都可以纳入“奢”字的义项①“奢侈；挥霍无度”之下。这条释文则当调整为“过分；过度”。为之补上一例。《老子》十九章：“是以圣人去甚，去奢，去泰。”“去泰”，即去掉过分的行为。古书中，“胜”有“过分”义。《礼记·乐记》：“乐胜则流，礼胜则离。”孔颖达疏：“胜，犹过也。”《尔雅》的“胜”即此义。由此看来，《尔雅》的释文可留置于这条释文之下。

嶷 nì ③坚定；镇定。《旧五代史·晋书·高祖纪》：“郓兵来拒，帝中刃，翼明宗，罗兵通衢，嶷然不动。”《南史·臧焘传附臧盾》：“众皆骇散，唯盾与散骑侍郎裴之礼嶷然自若，帝甚嘉焉。”李劼人《大波》第一章：“仅止不多几个在兵营里当过文职差事的人，还嶷然留在走廊上，侧着耳朵在留心那枪声的方向。”（第二卷831页）

按，“坚定”指立场、意志等稳定不动摇，侧重于内在精神、意念；“镇定”则多指情绪、神态等从容，不慌乱，侧重于外在表现。将两词置于同条释文中，则其意义范围偏宽，有违概括性的要求。从词目下所引例证看，“嶷”字均未单独使用，而是以词根的身份加上词缀“然”出现的。所引例中的“嶷然不动”、“嶷然自若”、“嶷然留在走廊上”，这些“嶷然”义较相近，都是形容在危险、紧迫的情况下神态自如，从容不迫。据此，释文当去掉“坚定”一词。

广 guǎng ⑨开阔；推衍；补充。汉司马迁《报任少卿书》：“以此旨推言陵之功，欲以广主上之意，塞睚眦之辞。”唐元稹《莺莺传》：“（张生）因贻书于崔，以广其意。”清黄宗羲《答万充宗质疑书》：“聊述所闻，以广来意。”（第二卷962页）

按，这也是一条用三个词语组成的释文。略加考察便可发现，它们之间，无论词性还是词义，似乎都缺乏一个较为显明的共通之处和交汇点，因而难以归并概括到同一语义范围里。首先，“开阔”是形容词，其余两个是动词，“开阔”在意义上无法与“推衍；补充”搭界。其次，几条例句中的“广”都是作为动词出现的，且带有宾语“意”。因此，形容词“开阔”首先应排除在释文之外。再看余下的“推衍；补充”。两词均为动词，也与例中的“广”字词性相合，但是，将两词置于同一条释文中仍成问题。“推衍”义同“推演”，指推论演绎，显然与“补充”义相隔很远。用例中的“广”，其基本含义是指在原有基础上的拓宽、增补、扩展等。“广主上之意”是扩展、开通汉武帝的心胸；“广其意”，即补充自己的想法；“广来意”，即拓展刚才所说的意思。因此，“推衍”亦当去之。综合分析，可将这条释文调整为“扩展；补充”。

成 chéng ④成熟；茂盛。《左传·哀公五年》：“齐燕姬生子，不成而死。”杜预注：“不成，未冠也。”《吕氏春秋·明理》：“五谷萎败不成。”高诱注：“成，熟也。”《淮南子·天文》：“地不发其阳，则万物不成。”赵树理《刘二和王继圣》：“三角坪地势高，庄稼成得晚，收割不得。”又，“肥壮”。《孟子·滕文公下》：“牺牲不成。”赵岐注：“不成，不实肥腯也。”焦循正义：“此不成亦不实，但五谷之不实谓其不熟，牺牲之不实谓其不肥腯。”（第三卷1502页）

按，“成熟”兼具动词、形容词两类；“茂盛”只作形容词，形容植物多而茁壮。撇开“成熟”的动词义，就其形容词的意义而言，是形容事物发展到完善的程度。在这个意义上，“成熟”与“茂盛”之间并非没有一点关联。但是，将“茂盛”放在这条释文中，毕竟还是不适宜的。从所引例句看，这些“成”都是动词。其中，《左传》的“成”指长大成人，其余三例的“成”，则均指庄稼以及万物成熟。至于所列小项“肥壮”，可以看作“成熟”义的临时变体。祭祀用的牺牲既肥又壮，那就肯定是长大成熟了。由此而言，男子长大加冠、牛羊又肥又壮，都可以用“成熟”来形容。因此，释文中的“茂盛”及小项“肥壮”均可去掉，以一“成熟”即足矣。

曜 yào ①光，明亮。《广韵·笑韵》：“曜，日光也。”《集韵·笑韵》：“曜，光也。”《诗·桧风·羔裘》：“羔裘如膏，日出有曜。”朱熹注：“日出有曜，日照之则有光也。”《文选·张衡〈西京赋〉》：“饰华榱与璧珰，流景曜之韡晔。”李善注引薛综曰：“曜，光也。”鲁迅《坟·摩罗诗力说》：“盖文明之朕，固孕于蛮荒，野人狉獉其形，而隐曜即伏于内。”（第二卷1540页）

按，释文中，单音节词“光”义域宽泛，可作名词、动词、形容词以及副词；“明亮”则只能作形容词。“光”作为形容词，是“光滑”、“一点不剩”等义，也与“明亮”义相隔较远而无以贯通。两词作为合构的释文，找不到在意义及用法上的契合点，无以互补，又哪有概括性可言？再看所引书证和例句。《广韵》释作“日光”，是把“曜”视为名词；《诗经》的“有曜”，是指有了亮光；《西京赋》的“景曜”，指太阳的光辉；《摩罗诗力说》的“隐曜”，即隐藏亮光。由此可见，除《集韵》单言“光”不易确定其词性外，其他材料都无疑是名词性的。这条释文当调整为“亮光；光芒”。

参考文献

［1］罗竹风主编：《汉语大词典》，汉语大词典出版社，1992 年。

［2］辞源修订组、商务印书馆编辑部编：《辞源》（修订本），商务印书馆，1979 年。

［3］王力主编：《王力古汉语字典》，中华书局，2000 年。

［4］中国社会科学院语言研究所词典编辑室编：《现代汉语词典》（第 5 版），商务印书馆，2005 年。

［5］王力等原编，蒋绍愚等增订：《古汉语常用字字典》（第 4 版），商务印书馆，2005 年。

［6］中国社会科学院语言研究所古代汉语研究室编：《古代汉语虚词词典》，商务印书馆，1999 年。

［7］张永言等编：《简明古汉语字典》（修订本），四川人民出版社，1986 年。

［8］宗福邦、陈世铙、肖海波主编：《故训汇纂》，商务印书馆，2003 年。

［9］俞敏监修，谢纪锋编纂：《虚词诂林》，黑龙江人民出版社，1992 年。

［10］（汉）许慎撰，（清）段玉裁注：《说文解字注》，上海古籍出版社，1981 年。

［11］（清）朱骏声撰：《说文通训定声》，武汉古籍书店，1983 年。

［12］（清）桂馥撰：《说文解字义证》，上海古籍出版社，1987 年。

［13］（清）王筠撰：《说文解字句读》，中华书局，1988 年。

［14］（清）王念孙撰：《读书杂志》，江苏古籍出版社，1985 年。

［15］（清）王念孙撰：《广雅疏证》，上海古籍出版社，1983 年。

［16］（清）王先谦撰：《释名疏证补》，上海古籍出版社，1984 年。

［17］（清）王引之撰，中国训诂学研究会主编：《经义述闻》，江苏古籍出版社，1985 年。

［18］（清）黄生撰，（清）黄承吉合按，包殿淑点校：《字诂义府合按》，

中华书局，1984 年。

［19］（清）郝懿行撰：《尔雅义疏》，上海古籍出版社，1983 年。

［20］（清）俞樾等：《古书疑义举例五种》，中华书局，1956 年。

［21］（清）俞樾：《诸子平议》，上海书店，1988 年。

［22］（清）俞樾：《群经平议》，上海书店，1988 年。

［23］（宋）朱熹集注：《诗集传》，上海古籍出版社，1958 年。

［24］（宋）朱熹：《四书章句集注》，中华书局，1983 年。

［25］（梁）萧统编，（唐）李善注：《文选》，上海古籍出版社，1996 年。

［26］（清）阮元校刻：《十三经注疏》，中华书局，1980 年。

［27］国学整理社辑：《诸子集成》，中华书局，1986 年。

［28］徐元诰撰：《国语集解》，中华书局，2002 年。

［29］诸祖耿撰：《战国策集注汇考》，江苏古籍出版社，1985 年。

［30］（汉）司马迁：《史记》，中华书局，1985 年。

［31］（汉）班固：《汉书》，中华书局，1987 年。

［32］［瑞士］费尔迪南·德·索绪尔著，高名凯译：《普通语言学教程》，商务印书馆，1980 年。

［33］［美］布龙菲尔德著，袁家骅等译：《语言论》，商务印书馆，1980 年。

［34］［英］L. R. 帕默尔著，李荣等译：《语言学概论》，商务印书馆，1983 年。

［35］高名凯：《语言论》，商务印书馆，1995 年。

［36］叶蜚声、徐通锵：《语言学纲要》，北京大学出版社，1981 年。

［37］［英］杰弗里·利奇著，李瑞华等译：《语义学》，上海外语教育出版社，1987 年。

［38］石安石：《语义论》，商务印书馆，1993 年。

［39］贾彦德：《汉语语义学》，北京大学出版社，1992 年。

［40］张志毅、张庆云：《词汇语义学》，商务印书馆，2001 年。

［41］章宜华：《语义学与词典释义》，上海辞书出版社，2002 年。

［42］张永言：《词汇学简论》，华中工学院出版社，1982 年。

［43］苏新春：《汉语词义学》，广东教育出版社，1992 年。

［44］葛本仪：《现代汉语词汇学》，山东人民出版社，2001 年。

［45］符淮青:《词义的分析和描写》，语文出版社，1996年。

［46］胡明扬等编著:《词典学概论》，中国人民大学出版社，1982年。

［47］赵振铎:《辞书学纲要》，四川辞书出版社，1998年。

［48］赵振铎:《字典论》，上海辞书出版社，2001年。

［49］汪耀楠:《词典学研究》，四川辞书出版社，1990年。

［50］邹酆:《辞书学丛稿》，崇文书局，2004年。

［51］刘叔新:《词汇学和词典学问题研究》（论文集），天津人民出版社，1984年。

［52］苏宝荣:《词义研究与辞书释义》，商务印书馆，2000年。

［53］黄建华:《词典论》，上海辞书出版社，2001年。

［54］李尔钢:《词义与辞典释义》，上海辞书出版社，2006年。

［55］王力:《龙虫并雕斋文集》（第一册），中华书局，1982年。

［56］王粤汉编著:《释义简论》，湖北人民出版社，1994年。

［57］陆宗达、王宁:《训诂方法论》，中国社会科学出版社，1983年。

［58］张永言:《训诂学简论》，华中工学院出版社，1985年。

［59］洪诚:《训诂学》，江苏古籍出版社，1984年。

［60］郭在贻:《训诂学》，湖南人民出版社，1986年。

［61］周大璞主编，黄孝德、罗邦柱分撰:《训诂学初稿》，武汉大学出版社，1987年。

［62］汪耀楠:《注释学纲要》，语文出版社，1991年。

［63］王宁:《训诂学原理》，中国国际广播出版社，1996年。

［64］孙雍长:《训诂原理》，语文出版社，1997年。

［65］方一新:《训诂学概论》，江苏教育出版社，2008年。

［66］毛远明:《训诂学新编》，巴蜀书社，2002年。

［67］杨琳:《训诂方法新探》，商务印书馆，2011年。

［68］王力:《汉语语法史》，商务印书馆，1989年。

［69］王力:《汉语词汇史》，商务印书馆，1993年。

［70］向熹编著:《简明汉语史》，高等教育出版社，1993年。

［71］赵克勤:《古代汉语词汇学》，商务印书馆，1994年。

［72］郭锡良:《汉语史论集》，商务印书馆，1997年。

［73］《汉语大字典》湖北省编辑部编:《汉字的源和流》，湖北辞书出版社，

1986 年。

［74］蒋绍愚:《古汉语词汇纲要》，北京大学出版社，1989 年。

［75］高守纲:《古代汉语词义通论》，语文出版社，1994 年。

［76］罗正坚:《汉语词义引申导论》，南京大学出版社，1996 年。

［77］张联荣:《古汉语词义论》，北京大学出版社，2000 年。

［78］黄金贵:《古代文化词义集类辨考》，上海教育出版社，1995 年。

［79］朱城:《古书词义求证法》，四川人民出版社，1997 年。

［80］孙常叙:《古一汉语文学语言词汇概论》，上海辞书出版社，2005 年。

［81］王凤阳:《古辞辨》，吉林文史出版社，1993 年。

［82］洪成玉、张桂珍:《古汉语同义词辨析》，浙江教育出版社，1987 年。

［83］周志锋:《大字典论稿》，浙江教育出版社，1998 年。

［84］毛远明:《语文辞书补正》，巴蜀书社，2002 年。

［85］《辞书研究》（1980—2010 年），上海辞书出版社。

［86］《词典研究丛刊》第 1 ~ 5 辑，四川人民出版社；第 6 ~ 10 辑，四川辞书出版社。

［87］文渊阁《四库全书》电子版，http：//www. sikuquanshu. com/。

后 记

这本小册子是笔者十几年来对《汉语大字典》释义方面的问题进行探索与思考的一个小结。

《汉语大字典》是代表我国目前字典编纂最高水平的一部巨著，以其“规模最大、解释最新、书证最全、体例最精”，被誉为“文化的长城，汉语的丰碑”。但是，作为如此卷繁帙浩的历时性大型语文字典，其中的失误总难避免。因而在好评如潮的同时，不断有学者对其不足提出批评质疑，也就不足为奇了。

作为一名在高等院校从事古代汉语教学的教师，我一直把《汉语大字典》作为案头必备的查检工具、判定语言文字正误的重要参考、释惑解难的良师益友。这种特殊情结和职业习惯，使我对《汉语大字典》的质量，尤其是处在字典核心地位的释义问题格外关注。因而在受惠获益的同时，我也常以挑剔的眼光寻找瑕疵，以期拾遗补缺，为这部巨著的修订增添一点砖瓦，为其趋于完善贡献绵薄之力。偶尔发现一些问题和不足，便随手摘录下来，并缀集整理成文。十几年来，陆陆续续发表了20多篇大大小小的文章；并以《汉语大字典》的释义研究为科研课题，先后主持申报并完成了广东省教育厅人文社科研究规划项目和广东省哲学社会科学规划学科共建项目。研究的成果分别刊载在《中国图书评论》、《语文研究》、《语言研究》、《社会科学辑刊》、《首都师范大学学报》、《河南师范大学学报》、《沈阳师范大学学报》、《湖北民族学院学报》、《汕头大学学报》、《湛江师范学院学报》等刊物上，有的还被人大复印报刊资料全文转载。研究的内容涉及字典释义的多个方面，包括义项概括不当、释义准确性不够、引用书证的疏漏迟后、释义方式的探索评价等。笔者将这些文章汇集整理，按几个专题归类，就形成了这本论稿。

《汉语大字典》首版八卷本于1986年至1990年陆续出版。二十年后，又于2010年4月进行了修订。而本书的内容基本上是修订版问世之前完成的研究成果。修订版既出，为何还要整理过往的研究文字？这是出于以下几个方面的考虑。一是敝帚自珍。虽然现在看起来，此前对一些问题的看法还不够成熟，有些肤浅，甚至或有谬误，但它们多为本人独立思考、探索的结果，并非人云亦云的东西，因而不忍割舍抛弃。二是总结纪念。这些文字在一定程度上记录了本人十几年来的学习研究历程，将其汇集起来，也算是学术上的一个小结。对于即将退休的我来说，不无纪念意义。三是可供参考。原来拙文中提到的部分有问题的条目，已经在《汉语大字典》修订版中得到了采纳：或删去了个别不能成立的虚假义项，或增添调整了义项下的例证材料，或修改了某些义项的释义文字。虽然编者对此未作具体说明，本人仍感到窃喜和宽慰。即使还有大部分的意见和看法尚未在修订版中得到反映，但学术上的见仁见智本是常态，我又何必介意？认真检视这些内容，也并非全无是处，不少条目仍有可备一说的价值。不揣浅陋保留于此，以待《汉语大字典》将来修订时有以用之。

本书具体讨论了《汉语大字典》中的释义条目约400条，提及有关义项条目80余条。凡在以前的文章中曾经论及，而在《汉语大字典》修订版中已作修改、调整的义项条目，则全部删去，以免引起“无中生有”、“无的放矢”的误会。义项条目所在的卷次页码，均以修订版为准。由于对原来条目的内容有所增删、订正，且打乱了原来文章的格局，因而除“《汉语大字典》释义有关问题讨论”随文进行了标注外，其余四章均不作标注。此外，几个专题对所议义项条目的归类并不严格，其中个别条目实际上属于两可状态。少量的注释随文所注明的出处以及主要参考文献统一在篇末列出。

朱习文教授、黄高飞博士为本书的整理花费了不少心力，在此深表感谢。

朱 城

2014 年 10 月于湛江